香江哲学丛书

丛书主编 黄 勇 王庆节

应用伦理学论衡

基础理念与当今议题

余锦波 著

Discourses on Applied Ethics

Fundamental Ideas and Contemporary Issues

中国出版集团

东方出版中心

图书在版编目（CIP）数据

应用伦理学论衡: 基础理念与当今议题 / 余锦波著
. 一上海：东方出版中心, 2022.8
（香江哲学丛书 / 黄勇, 王庆节主编）
ISBN 978 - 7 - 5473 - 2032 - 7

Ⅰ. ①应… Ⅱ. ①余… Ⅲ. ①伦理学 Ⅳ. ①B82

中国版本图书馆 CIP 数据核字(2022)第 145276 号

应用伦理学论衡：基础理念与当今议题

著　　者　余锦波
丛书策划　刘佩英
策划编辑　刘　旭
责任编辑　冯　媛　周心怡
封面设计　周伟伟

出版发行　东方出版中心有限公司
地　　址　上海市仙霞路 345 号
邮政编码　200336
电　　话　021 - 62417400
印 刷 者　山东韵杰文化科技有限公司

开　　本　890mm × 1240mm　1/32
印　　张　7.125
字　　数　149 千字
版　　次　2022 年 8 月第 1 版
印　　次　2022 年 8 月第 1 次印刷
定　　价　65.00 元

总　序

　　《香江哲学丛书》主要集录中国香港学者的作品,兼及部分在香港接受博士阶段哲学教育而目前不在香港从事哲学教学和研究的学者的作品,同时也集录与香港邻近并在文化上与香港接近的澳门若干大学哲学学者的著作。

　　相对于内地的城市来说,香港及澳门哲学群体较小。在由香港政府直接资助的八所大学中,实际上只有香港中文大学、香港大学、香港浸会大学和岭南大学有独立的哲学系;香港科技大学的哲学学科是其人文社会科学学院中人文学部的一个部分,而香港城市大学的哲学学科则在政治学和行政管理系;另外两所大学——香港理工大学和香港教育大学,虽然也有一些从事哲学教学和研究的学者,但大多在通识教育中心等。而且即使是这几个独立的哲学系,跟国内一些著名大学的哲学院系动辄六七十、七八十个教员相比,规模也普遍较小。香港中文大学的哲学系在全港规模最大,教授职称(包括正教授、副教授和助理教授)的职员也只有十四人,即使加上几位全职的高级讲师,也不到二十人。岭南大学是另一个有十位以上哲学教授的大学,其他几所大学的哲学教授的数量都是个位数。相应地,研究生的规模也不大。还是以规模最大的香港中文大学为例，硕士和博士项目每年招生加起来就是十个人左右，其他学校则要少很多。

当然这并不表示哲学在香港不发达。即使就规模来说，虽然跟内地的大学无法比，但香港各高校的哲学系在国际上看则并不小。即使是在（至少是某种意义上）当今哲学最繁荣的美国，除了少数几个天主教大学外（因其要求全校的每个学生修两门哲学课，因此需要较多的教师教哲学），几乎没有一个大学的哲学系，包括哈佛、耶鲁、普林斯顿、哥伦比亚等常青藤联盟名校成员，也包括各种哲学排名榜上几乎每年都位列全世界前三名的匹兹堡大学、纽约大学和罗格斯大学，有超过二十位教授、每年招收研究生超过十位的，这说明一个地区哲学的繁荣与否和从事哲学研究与教学的人数多寡没有直接的关系。事实上，在上述一些大学及其系科的世界排名中，香港各大学哲学系的排名也都不低。在最近三年的 QS 世界大学学科排名中，香港中文大学哲学系都名列亚洲第一（世界范围内，2017 年排 30 名，2018 年排 34 名，2019 年排 28 名）。当然，这样的排名具有很大程度的主观性、随意性和多变性，不应过于重视，但至少从一个侧面也反映出某些实际状况，因而也不应完全忽略。

香港哲学的一个显著特点，同其所在的城市一样，即国际化程度比较高。在香港各大学任教的哲学教授大多具有美国和欧洲各大学的博士学位；在哲学教授中有相当大一部分是非华人，其中香港大学和岭南大学哲学系的非华人教授人数甚至超过了华人教授，而在华人教授中既有香港本地的，也有来自内地的；另外，世界各地著名的哲学教授也经常来访，特别是担任一些历史悠久且享誉甚高的讲席，如香港中文大学哲学系每个学期或至少每年为期一个月的唐君毅系列讲座，新亚书院一年一度的钱穆讲座、余英时讲座和新亚儒学讲座；在教学语言上，除香港中文大学的教授可以自由选择英文、普通话和粤语外,其他大学除特殊情况外一律用英文授课,这为来自世界各地的学生在香港就读,包括就读哲学提供了方便。但更能体现这种国际化的是香港哲学教授的研究课题与世界哲学界直接接轨。

　　香港哲学研究的哲学传统主要包括中国哲学、分析哲学和欧陆哲学,其中香港中文大学在这三个领域的研究较为均衡,香港大学和岭南大学以分析哲学为强,香港浸会大学侧重宗教哲学和应用伦理学,而香港科技大学和香港城市大学虽然哲学项目较小,但突出中国哲学,即使很多学者的研究是跨传统的。以中国哲学为例,钱穆、唐君毅和牟宗三等缔造的新亚儒学传统将中国哲学与世界哲学,特别是西方哲学传统连接了起来,并得到劳思光和刘述先先生的继承和发展。今日的香港应该是世界上(能)用英语从事中国哲学研究的学者最多的一个地区,这些学者中包含那些主要从事分析哲学和欧陆哲学研究的,但也兼带研究中国哲学的学者。这就决定了香港的中国哲学研究大多具有比较哲学的特质:一方面从西方哲学的角度对中国哲学提出挑战,从而促进中国哲学的发展;而另一方面,则从中国哲学的角度对西方哲学提出问题,从而为西方哲学的发展作出贡献。相应地,香港学者对于分析哲学和欧陆哲学的研究,较之西方学者在这些领域的研究也有其特点和长处,因为他们在讨论西方哲学问题时有西方学者所没有的中国哲学传统可资利用。当然也有相当大一部分学者完全是在西方哲学传统中研究西方哲学的,但即使在这样的研究方式上,香港哲学界的学者,通过他们在顶级哲学刊物发表的论文和在著名出版社出版的著作,可以与西方世界研究同样问题的学者直接对话、平等讨论。

　　香港哲学发达的另一个方面体现在其学院化与普及化的结合。很多大学的一些著名的系列哲学讲座,如香港中文大学新亚书院每年举

办的钱穆讲座、余英时讲座、新亚儒学讲座都各自安排其中的一次讲座
为公众讲座，在香港中央图书馆举行。香港一些大学的哲学教授每年
还举办有一定主题的系列公众哲学讲座。在这些场合，往往都是座无
虚席，到问答阶段，大家都争相提问或者发表意见。另外，还有一些大
学开办自费的哲学硕士课程班，每年都有大量学生报名，这些都说明：
香港浓厚的哲学氛围有很强的社会基础。

　　由于香港哲学家的大多数著作都以英文和一些欧洲语言出版，少
量以中文出版的著作大多是在台湾和香港出版的，内地学者对香港哲
学家的了解较少，本丛书就是要弥补这个缺陷。我们希望每年出版三
到五本香港学者的哲学著作，细水长流，经过一定的时间，形成相当大
的规模，为促进香港和内地哲学界的对话和交流作出贡献。

王庆节　黄勇

2019 年 2 月

目 录

导

论

应用伦理学的
纵观与横看

本书收录了作者近二三十年关于应用伦理学的文章。其中约一半原文为中文，另一半原文为英文，曾发表于中外书籍或期刊，现重新整理，并加上导论一篇。全书主要包含两个部分：第一部分讨论应用伦理学的理论、概念、方法与历史；第二部分讨论具体议题，包括堕胎、安乐死、知情同意、贫富悬殊、性骚扰、同性恋及克隆人。

第一章"应用伦理学的方法论"介绍了应用伦理学作为一个学科的思考方法。应用伦理学并不可以简单地看成伦理学的应用。因为在处理具体的伦理问题时，以一个伦理学的理论为出发点，再按照这个理论去讨论具体的伦理问题，难以对这个理论的信徒之外的人有说服力。在 20 世纪中叶之前，伦理学只不过是现代西方哲学中的一个附庸，但随着六七十年代因为医疗科技发展而带来对于治疗、生死有关的伦理问题的关注，生命伦理学以至应用伦理学竟然成了一门显学。[1] 而在认真响应实际的伦理问题时，过去的哲学家所建构的严整逻辑的理论

---

[1] Stephen Toulmin, "How Medicine Saved the Life of Ethics", reprinted in DeMarco and Richard M. Fox (eds.), *New Directions in Ethics: The Challenge of Applied Ethics*, New York: Routledge & Kegan Paul, 1986, pp. 264 – 281.

系统,却每每显得脱节及有所不足。哲学家喜欢从一个基点出发,作出深入的推论,其好处是体大思精,逻辑性强,一以贯之,以简驭繁;缺点却是知其一不知其二,难以概括问题的复杂性。当要处理具体的伦理问题,不难发现单视角的伦理学理论,难以同时对众多伦理问题给出令人满意的答案。本章论述的应用伦理学方法,其特点是多元价值论(pluralism)及寻求反思的平衡(reflective equilibrium)。正如抽象理论可以用来纠正具体判断,具体判断亦可以用来质疑理论。当代的应用伦理学不但是借助了历史悠久、大家辈出的道德哲学理论,亦能为伦理学思维提供新角度,反馈道德哲学的发展。

第二章"从伦理学到伦理审查委员会"则是切换了角度,从历史发展看应用伦理学,尤其是生命伦理(bioethics)与科研伦理(research ethics)作为社会规范以至规章制度的冒起。此章点出了科研伦理要响应的社会问题,并且批评了只跟程序、不明原理的弊病。最后又探讨了在多大程度上伦理规范可作跨文化的移植,又在多大的程度上需要响应本土社会的价值观。

第三章"从公众利益到个人权利"一方面论述公众利益为伦理考虑不可或缺的一环,另一方面论证伦理考虑不能停留于只是考虑公众利益,而必须同时考虑个人权利。换言之,伦理考虑不能只是按效益主义或权利论而得出结论,而必须作出多元的考虑,至少要包括公众利益与个人权利这两个部分。

第四章"普世人权与文化差异"则更深入地讨论个人权利的问题。本章主旨指出人权既有普世有效性,又可以有文化差异性。普世有效性与文化差异性两者并无矛盾,原因是人权基本上是一种低限道德(minimal morality),其目的在防恶,而不是致善。道德包含更高层次的要求。对于人权,其实亦可以有不同的构想(conception)。恶之为恶，有超乎文化的共通之处；但善之为善，却可以有重点不同的理解。对人权可以有不同的理解，但不会完全没有共通的部分。

第五章"自我拥有权与生命伦理学"讨论的正是对人权观念的一个构想，即是将人权理解为一种自我拥有权（self-ownership）。人为什么有人权？其中一个深具影响力的答案是：因为人是自己的主人，而不是其他人可以动用的资源。说人是自己的主人又是什么意思？在很长时间内这个主张被理解为人是属于自己的，因此只可以被自己支配而不可以被他人支配，由此而引申出要得到当事人同意才可以作出影响当事人人身自由的行为。本章追溯了这个思想的起源，并论述了这个主张在实践上的含义及其局限性。本章提出了对人权其实可以作出更为合理的构想。

第六章"亚洲价值观与生命伦理学"则从另一个角度，考察近年提出的"亚洲价值观"对普世人权的挑战。本章探讨"亚洲价值观"所指的究竟是什么，是否为亚洲各地共持之价值，与"西方价值"是否形成强烈对比。然而，从多元价值观的角度来看（即善不只得一种，而对同一个善，亦可以有多于一个合理的构想），面对生命伦理学的问题，将当地人侧重的价值列入考虑之列，乃无可厚非，甚至是理所当然的。

第七章"究天人之际的儒家生命伦理学"从天人关系探讨儒家对生命伦理学可能有的贡献。一般人谈儒家生命伦理学，多是将儒家的一般伦理学，应用到生命伦理学的范围。笔者此章则认为儒家对天人关系的理解，可能是儒家思想与生命伦理学最相干的一个部分。此观念认为天人有分际，各有其职而不能相代。上天有好生之德，但只是鼓万物而不与圣人同忧，人可以补天工之不足，参赞化育，但不可以僭夺天工。这个思想一方面要人谦虚敬天，另一方面又要人见义勇为，同时兼顾了尊重自然与善用人智两方面的考虑。这个思想，在生命伦理学，尤其是基因工程方面有参考价值，在干预自然的问题上会导致较持平合理的结论。

本书第二部分讨论的都是个别的伦理问题。有些是已经在社会上讨论了数百年的问题，例如同性恋、贫富悬殊；有些是随着医学及生物科技发达而需要面对的新问题，例如安乐死、克隆技术等等；有些则涉及新的概念及政策，例如性骚扰、知情同意的问题。

第八章"同性恋的是非曲直"可以视为应用伦理学的一个示例。本章采用的方法是希腊哲学家亚里士多德常用的手法，即尽量搜集人们提出的不同论据，再逐一评论，最后根据各论据的强弱，综合作出结论。本章认为一般人提出反对同性恋的理由都缺乏说服力，再从利益、权利、责任三个方面立论，论证对同性恋应采取包容的态度。此章并不纯粹是哲学内容，还兼从历史、文化、法律多方面探讨同性恋的问题。

第九章"从堕胎问题看权利观点的局限"以堕胎问题为例，说明不能将伦理的考虑局限于权利的考虑。赞成堕胎者，多从女性的身体自主权立论；反对堕胎者，多从胎儿的生存权立论。如果仅是从权利立论，最理想的做法应是将胎儿从孕妇体中取出，再用人工方法孕育，最后作为孤儿长大成人。由于这个方案不可以算是伦理上的最佳方案，可见权利论不可构成伦理考虑的全部。本章又介绍了苏东坡对杀婴问题的处理，充分考虑到各人困难处境及自然感情，其处理手法远胜于只从权利角度处理问题。

第十章"关于安乐死的道德思考"响应一篇批评安乐死的文章，该文不认同安乐死的提法，但认为中止无效治疗可以接受。第十章则探讨对安乐死与中止无效治疗的区分是否有效。本章的意义有两个方面：一方面是探讨安乐死及中止无效治疗的问题，另一方面是借机反思如何进行道德思考。

　　第十一章"性骚扰为何不可?"及第十二章"克隆技术引发的伦理思考"都是短评,对象是社会大众,而讨论的都是比较新的社会伦理议题。这两个问题在社会上都有争论性,有些人认为性骚扰十分要不得,有些人却认为是小题大做,更有一些人认为事情纯属主观,难有定论。至于克隆技术引来的情绪反应亦很两极。笔者认为,很多人对这些议题的意见,其实是建基于误解之上,例如,对于何谓"性骚扰"只是一知半解,对于克隆技术,也有很多错误的想象。这两章从澄清概念及事实入手,再在这个基础之上讨论问题的是非曲直。

　　第十三章"香港的贫富悬殊问题"讨论当今世界一个愈趋严重的问题,就是贫富悬殊的问题,而特别以中国香港为参照对象。先从历史及社会背景作出回顾及检讨,再引用哲学理论提出对比及反思。结论是贫富差异并不是一个问题,但贫者生活困苦或处境恶化,则是严重问题。

　　第十四章"个人、家庭与知情同意"探讨知情同意涉及的伦理问题,并突出了个人主义与家庭主义在此问题中的角色。当代讨论知情同意这个论题的时候,显然是以个人主义的观点为主;有学者则提出另类的观点,指儒家对知情同意会另有结论,因为儒家主张的并非个人主义而为家庭主义。笔者在本章中,否定儒家的观点是家庭主义,亦否定家庭主义的合理性。但笔者却论证儒家对人伦关系及个人美德的重视,确实能导致一个与个人主义及家庭主义皆有所不同的观点。反映在知情同意的问题上,则是在作出伦理判断时,强调家人之间以至医患之间的伦理关系,并且将重点放在尽伦尽分(本分、职分)的考虑上。这个观点与侧重个人主义的知情同意观点,大概可以互补不足。

　　本书其中一个最大的特点,是多元价值论。认为善恶固然有分别,但并不是只有一个善。善可以多个,伦理学的难处不在于把握一个善,然后将全套理论建筑在其上，而在于同时对多个善兼收并蓄，使之并存而不相害。① 笔者认为这就是孔子所说"择善而固执之"的真义，不是择一善而只知固执一善，而是同时知众善而兼固执众善，不会见后善而忘前善，亦不会执前善而非后善。不同的伦理学理论，其实各有所见，其问题不在于所见不是，而在于只见其是而不见他人之是。

在处理应用伦理学的实际问题的时候，正可以见到传统伦理学的大理论的不足，其理论虽然结构严整，但每每导致与常理相违的结论。例如，讲效益者为了效益之极大化可以损害个人之基本权利，持责任论者坚持其原则而置千万人之幸福于不顾。对实际的道德问题之考虑，正可体现出传统一元论之匮乏。本书认为可以同时肯定多种的道德考虑的合理性，例如效益、权利、责任、人伦关系、社会价值观。在伦理学理论与应用伦理问题两者之间进行对话，一方面考虑不同伦理学观点对实际伦理问题的实际意涵，分辨出对实际伦理问题的不同处理的可能性；另一方面，又从其实际意涵的合理与否，分辨出其理论的合理及不合理的部分。

本书对应用伦理学问题的探讨，不仅是希望对实际的伦理学问题多加认识，其实亦希望借此对伦理学的理论作进一步的探究。很多应用伦理学的问题，都是有了新的科技创造的新的可能性，而进一步问应该怎么办。这些新问题为旧理论所不能预见，正好作为旧理论的测试场。笔者很认同《大学》所说之"好而能知其恶，恶而能知其美"的宗旨，并将之奉为自己学术研究的座右铭。我们不应因为一些主张（例如个人主义、权利论）在某些方面的缺失而将之全盘否定，亦不应因其确有

_____

① Yu Kam Por, "The Handling of Multiple Values in Confucian Ethics", in Yu Kam Por *et al.* (eds.), *Taking Confucian Ethics Seriously*, Albany, NY: State University of New York Press, 2010, pp. 27 – 51.

所是之处而为其全面辩护。笔者在很多文章中都尝试兼论不同主张的合理及不妥部分,同时指出其价值及其局限。希望这种讨论应是有真知的持平之论,而不是学无宗旨的两可之说。

本书得以出版,有赖本丛书主编黄勇教授的赏识。黄勇教授对本书的编排,提出宝贵意见,笔者十分感激。本书的部分英文原稿,由香港理工大学中文及双语学系研究中心同仁翻译,谨此致谢。翻译后经笔者增删改动,任何在文字上或内容上之错失皆属本人所有。欢迎读者赐正,可邮至 kam.por.yu@connect.polyu.hk。以文会友,幸甚!

笔者在本丛书系列中另有一书《儒家伦理学》,整理需时,希望不日能与读者见面。

余锦波

2022 年 9 月 5 日于香港

第一部分

理论与方法

第一章

应用伦理学的方法论

道德哲学与应用伦理学

应用伦理学是不是一门新兴的学科？20世纪70年代以前的道德哲学，专注于道德字词的分析，这与20世纪70年代以后逐渐关注实际道德问题的讨论，形成了强烈的对比。然而，道德哲学家讨论实际的道德问题，其实并不是新鲜事。苏格拉底讨论不公正的判决是否仍然应该被服从，[①]康德讨论何种性行为才是合乎道德的，[②]边沁（Jeremy Bentham，1748—1832）讨论同性恋行为是否不道德，[③]穆勒

---

① 《克里托篇》(*Crito*)这部篇幅甚短的对话录主要就是探讨此一问题。见 Edith Hamilton and Huntington Cairns （eds.），*The Great Dialogues of Plato*，Princeton：Princeton University Press，1961，pp. 27 – 39。

② Immanuel Kant，*Lectures on Ethics*，tr. Louis Infield，Indianapolis：Hackett Publishing Co.，1989，pp. 162 - 170.康德予人的印象是抽象的道德哲学家，但在此书中，康德讨论了大量的实际道德问题，诸如自杀、扶贫、复仇、婚外性行为、同性恋、乱伦、人兽交，等等。

③ Jeremy Bentham，"An Essay on 'Paederasty'"，reprinted in Robert Baker and Frederick Elliston （eds.），*Philosophy and Sex* (New Revised Edition)，New York：Prometheus Books，1984，pp. 353 - 369. 边沁在此文中整理了当时人们提出反对同性恋的理由，并逐点分析，逐点驳斥。

(John Stuart Mill，1806—1873）讨论人应否有无限制地生育的自由，①这些讨论都属应用伦理学的范围。传统的道德哲学家，并不认为道德哲学只是为了理解道德的性质而不在于指导实际的道德判断。因此，与其说应用伦理学是一门新兴学科，不如说是对久违了的学术传统的恢复。

然而，半世纪前哲学家避而不谈实际的道德问题是有其道理的。哲学家的专长在理性分析、论证。然而，理性的分析、论证可以让我们知道什么行为是合乎道德的吗？哲学家凭其思考，可否成为道德专家，告诉别人什么行为才是正确的？今天我们高谈应用伦理学，不得不反省其中所涉及的方法学——哲学家到底可以用什么方法，探讨实际道德问题的答案。

应用伦理学与伦理学理论的应用

应用伦理学是否就是伦理学理论的应用？要解决实际的道德问题，是否在于将（正确的或最好的）伦理学理论应用于个别问题上，看看在个别问题上，伦理学理论会肯定怎样的行为？

这个看法很有问题。首先，伦理学理论不止一个，我们到底应该应用哪一个伦理学理论呢？是效益主义、康德主义、契约论，还是什么呢？当各种理论的争论滔滔不绝的时候，我们如何能选定一个理论去作出应用呢？勉强选定一个理论去作出应用，得出来的结论会有说服力吗？

---

① John Stuart Mill，*On Liberty*，Harmondsworth：Penguin Books，1974. 穆勒虽然强调个人自由的重要性，却赞成管制生育。表面上看起来生育好像仅是个人的事，但却间接会对社会造成影响。穆勒发现有一类行为，如果只是个别的人做不会对别人造成损害，但大量的人做就会构成损害，穆勒认为此类行为亦算是损害他人的行为，应该受到管制。穆勒所说的此类行为，我们可以举出其他例子，诸如践踏草地、浪费食水、炒卖楼宇（投机买卖楼宇）。此类行为少数的人做不会损害他人，但很多人都这样做就会构成损害，穆勒因此认为此类行为亦要受到管制。

如果不选定一个理论，只是说根据效益主义某行为并不算错，根据康德主义却是错的，根据契约论则在一些条件下才是对的，这样说对于希望解决实际问题的人会有帮助吗？对于要解决实际问题的人，重视的不是某一派的学说提供了什么答案，而是哪一个答案才是较正确或可取的。

其次，认为应用伦理学即伦理学理论的应用，则应用伦理学是一门基础不巩固的学问。如果根据的伦理学理论是错误的，则据之而作出的对实际道德问题的结论亦是没有价值的。现时的伦理学理论中，有没有一套可有此权威性，以至可以作为应用的基础，实在大存疑问。

此外，将应用伦理学视为伦理学理论的应用，则应用伦理学并不是一门有趣的学科。因为它要求我们具备的只是逻辑演绎的能力，而不是批评、反复思考的能力。按照这种观点，应用伦理学家只是一个技术员，而不是一个思考者。

然而，如果应用伦理学不是伦理学的应用，那么应用伦理学又是怎么一回事？应用伦理学是凭什么方法去解决道德难题的？这正是以下我们要探讨的问题。

从单一价值到多元价值

一般的道德理论都是单一价值的理论（single value theory），都只肯定一个价值为最终极的价值。例如，效益主义（utilitarianism）只肯定效益（utility）或快乐的价值，诺齐克（Robert Nozick，1938—2002）的公义理论、[①]汤姆逊（Judith Thomson，1929—2020）的个人权利理论却只

---

① 诺齐克将个人拥有权利视为其论证的出发点，对于人为何拥有权利并未提出任何论证。参看 Robert Nozick, *Anarchy, State, and Utopia*, Oxford: Blackwell, 1974。

肯定个人权利的价值。①

　　单一价值的理论是有其吸引力的，这类理论较为逻辑井然、旗帜鲜明，对实际的道德难题会较容易有明确的结论，但其坏处是将道德思考过分简化。

　　一个女生选择丈夫的时候，不会只考虑一个因素，而会考虑多个因素，比方说：他对自己是否好？品格如何？才华是否出众？与他共处是否愉快？纵使她认为某些因素比较重要，亦不会认为其他因素无关紧要。奇怪的是，女生选择丈夫的时候尚且知道要考虑多个因素，为什么一些哲学家却认为作道德判断时只要考虑一个因素就够？

　　在从事应用伦理学时（寻求解决具体的道德难题），我们不难发现传统的单一价值的道德理论的不足。单一价值的理论，不论是义务论或是后果论，都不足以处理实际道德问题的复杂性。由于这个原因，当哲学家从讨论抽象的道德理论，转为讨论应用伦理的时候，多元价值的理论反而得到广泛的接受。

　　纵使我们不能提出一个严格的标准，可以据之以判断各类的行为在道德上是否正确；但可以肯定的是，在道德判断的时候，有一些因素是相关的，要列入考虑之内。按照笔者的看法，这些相关的因素包括：① 后果——关心道德的人必定关心人类的福祉（human good and harm），② 人类的福祉不是决定行为对错的唯一因素，但肯定不可以完全不计后果地只是高谈尊重权利、坚守原则；② 个人权利——关心道

① Judith Jarvis Thomson, *The Realm of Rights*, Cambridge, MA: Harvard University Press, 1992. 汤姆逊的名作是"A Defence of Abortion"，她将堕胎问题视为孕妇权利与胎儿权利的冲突，完全从权利的角度去分析堕胎的对错。该文收入 Peter Singer (ed.), *Applied Ethics*, Oxford: Oxford University Press, 1986, pp. 37 - 56。

② 参看 Philippa Foot, *Virtues and Vices*, Berkeley: University of California Press, 1978。

德的人必重视每个人的价值，个人的权利并非在任何情况之下皆神圣不可侵犯，但肯定不可以只讲后果不讲权利；③ 义务——义务可以源于事情后果与他人权利以外的其他考虑，例如，可以源于普遍原则，[①]也可以源于个人意愿，[②]亦可源于伦理关系。[③] 我们对其他人甚至自己都有一些基本责任，例如要尊重自己、尊重别人、知恩图报、信守承诺、孝顺父母。这些责任并不一定由行为的后果或他人的权利而来，故可以视为以上两个考虑以外的第三个考虑。当然，其他方面的道德考虑可以凌驾我们应尽的一些责任，但无可否认在道德思考时除了考虑后果和别人的权利外，我们还要考虑到自己已负起了的责任。

根据这几个相关的考虑去从事讨论实际的道德问题，虽然没有一个固定的方程式，但可以肯定道德判断并不是任意主观的，亦不可说仅是习俗的产物。

几种因素同时要考虑，如何综合确是一个问题。然而，可以肯定的是，只保留其中一个因素，而忽视其他，绝对不是一个可接受的解决办法。

---

① 康德提出的一些原则，例如，行为要可以被普遍化、要尊重每一个人的尊严，都是有助于寻找出人们究竟应该有什么义务。参看康德的 *Critique of Practical Reason*，tr. Lewis White Beck，Indianapolis：Bobbs-Merrill Educational Publishing，1978。

② 罗斯（W. D. Ross）所说的初步的责任（prima facie duties），有不少都是由个人自招的，例如，你答应了别人照顾他的猫，你便有照顾他的猫的责任了。参看 W. D. Ross，*The Right and the Good*，Oxford：Oxford University Press，1930。

③ 说伦理关系是道德义务的一个来源是合理的，但将建基于伦理关系的道德义务视为道德的全部则过于偏颇。昔日中国人所说的"伦理"其实代表着一种独特的道德观，此种道德观将人伦关系视为道德的基础。人世间有不同的人伦关系，而对应不同的人伦关系就有不同的行为原理。此种注重个别关系的道德观，正好与西方不少追求普遍性及以无偏私为道德的基本特色的道德观形成强烈对比。笔者对此问题曾有讨论，指出将道德完全建基于人伦关系的观点过于狭窄，但只强调普遍性及无偏私的道德观亦有缺失。一个较全面的道德观应有多重考虑，而人伦关系是其中不可缺少的一环。见余锦波：《伦理与道德》，载于《价值与社会》，第一集，北京：中国社会科学出版社，1997。

现代的哲学家在讨论实际的伦理学问题时，每每根据多个相关理论考虑而不是一个单一价值的理论。澳大利亚哲学家辛格（Peter Singer，1946— ）在其《实用伦理学》中以平等考虑（equal consideration）为道德判断的基石，而平等考虑各人的利益则包括两个方面：对人们的幸福（well being）及自主（autonomy）的尊重。①

比彻姆（Tom L. Beauchamp）与邱卓思（James F. Childress）提出的四个原则，②更成为生命伦理学中的典范理论。四个原则是尊重个人自主（respect for autonomy）、不损害（nonmaleficence）、行善（beneficence）、公义（justice）。此四个因素如何协调固然是一个问题，但可以肯定的是，这四个方面的考虑都是在道德判断中的相关考虑。考虑四个方面，比起只考虑一个方面，来得较为全面。因此，此理论在近年俨然成为生命伦理学的正宗。

然而，如果我们同意作道德判断时要同时考虑多个因素，那我们就要面对一个问题：不同的因素冲突的时候应该如何取舍？如果既要尊重人们的自主，又要重视人们的利益，在不能两全其美的情况下，我们又应如何抉择？是不是在任何情况之下，其中一个价值都比另外一个重要？

多元价值理论的两个类别

单一价值理论能够提供一个明确的决策方案，多元的价值理论则

---

① Peter Singer, *Practical Ethics*, Cambridge: Cambridge University Press, 1979, Chapter 2,"Equality and Its Implications".

② Tom L. Beauchamp and James F. Childress, *Principles of Biomedical Ethics* (Fourth Edition), New York: Oxford University Press, 1994. 此书初版于1979年，与一般的生命伦理学或医疗伦理学的书籍之最大不同处，在于其内容并不是要解决个别的道德难题，而是要寻求可资解决难题的原则。

可能有一个明确的决策方案，亦可能没有一个明确的决策方案。

如果我们将一个价值清楚置于另一个价值之上（例如，将个人权利置于公众利益之上，或者将个人权利区分为基本的与不基本的，而将基本的个人权利置于公众利益之上，并将公众利益置于非基本的个人权利之上），则不同的价值互相冲突时，我们可以清楚地决定如何取舍。

举一个例子，罗尔斯（John Rawls，1921—2002）既要维护自由，又要重视平等，还要促进最底阶层的利益，这些目的不一定能够同时达到，所以要分清轻重缓急。他提出的一组公义原则，其中任何的两个原则之间都有一种词典式秩序（lexical order）的关系。

罗尔斯提出以下的公义原则：第一个原则，"每个人对与所有人所拥有的最广泛平等的基本自由体系相容的类似自由体系都应有一种平等的权利"；第二个原则，"社会和经济的不平等应这样安排，使它们（a）在与正义的储存原则一致的情况下，适合于最少受惠者的最大利益，并且，（b）依系于在机会公平平等的条件下职务和地位向所有人开放"。[①]

在此组原则外，罗尔斯特别提到两个优先规则，第一个优先规则规定以上的第一原则比第二原则优先，规定了自由的优先性；第二个优先规则规定第二原则中的（a）比（b）优先，规定了正义对效率和福利的优先性。

单一价值的道德理论过于简单，不足以得出可以为我们接受的道德结论。同样，有清楚优先次序的多元价值的道德理论亦是过于简单，不足以得出可以为我们接受的道德结论。

我们不必考虑很多的价值，我们姑且只考虑两个价值：公众利益和个人权利。如果我们不能从其中一个价值引申出另外一个价值，亦

① John Rawls, *A Theory of Justice*, Oxford: Oxford University Press, 1972, p. 302. 中译引自何怀宏、何包钢、廖申白译：《正义论》，北京：社会科学出版社，1988，第292页。

不能够否定另外一个价值的重要性，则我们不得不承认两个价值可能会有冲突。而在两个价值冲突的时候，我们不能一概地说，其中一个价值一律应该优先于另外一个价值。

就以公众利益与个人权利的冲突为例，一般情况之下，说保障个人权利比促进公众利益较为重要似乎是比较可取的。如果杀一个无辜的人，取去其器官以救活十个人，我们不会认为此行为是正确的。原因是这个行为虽然对更多人有利，但它侵犯了别人的权利。那个人的生命和身体是属于自己的，其他人不可以视之为可以动用的资源。然而，如果侵犯的权利是小的，但能达到的好后果却是大的，则侵犯他人权利的行为也可能是对的。例如，为了送一个垂危病人到医院，在没有其他办法之下偷用了一个陌生人的车辆，在道德上可以说是对的。以上这个例子说明后果的考虑是可以凌驾尊重他人权利的考虑的。

然而，我们可否说后果的考虑只可以凌驾较为次要的个人权利，而不可以凌驾诸如生命、人身的个人权利？在上面提到杀一个人取去其器官救十个人的例子中，我们会认为杀人取器官是错的，但是如果可以救的人不是十个而是一千万或一亿个，我们的答案是否会有不同？如果我们的答案会随着人数的多寡而有不同，则可见后果方面的考虑会随着后果的严重性而变得更有分量，以致可以凌驾权利方面的考虑。在一个科幻故事中，核战之后，人们受到辐射感染，妇女不能生育，只有一个女性仍有生育能力，如果她不生育，则人类会灭亡。在此情况下强迫她生育是否仍如一般情况之下强迫人生育那样是错的？以上的例子说明，纵使是人对自己身体的自主权那样重要的个人权利，亦可能在后果严重的情况下而变得次要。

有人可能会认为以上的例子不切实际，那么我可以举一个较实际的例子。1991 年华东水灾，洪水威胁南京、上海等大城市。当时可以有两个做法，要么让洪水涌入南京、上海，受影响的人会超过一千万，要么就炸掉农村的堤坝，引洪水到农村。[①] 在此情况下，赞成炸堤坝引水到农村固然是痛苦的选择，而认为这一做法是正确的就是基于后果方面的考虑。在此例子中，个人权利的考虑并不能凌驾后果方面的考虑。

从单向思考到双向思考

到底我们应该根据道德理论去修正我们在个别事例中的道德判断，还是应该根据我们在个别事例中的道德判断，去修正我们的道德理论。以上的两个选择好像十分不同，但其实两者有相似的地方——两者都属于基础主义（foundationalism）。分别只在于前者以道德理论为基础，后者以个别事例中的道德判断为基础。由于这两个主张有共同的假定，而此共同的假定有可能为错，因此，我们并不需要接受这两个主张中的其中一个。

为什么不可以以道德理论为基础呢？以道德理论为基础，则我们难以判断不同的道德理论的优劣。例如，斯玛特（J. J. C. Smart，1920—2012）是效益主义的死硬派，当他发现效益主义会导致不合情理的道德判断，他还能振振有词地说，人们之所以认为效益主义所导致的道德判断不合情理，因而不能接受，只是人们受社会熏陶的偏见所影响。[②] 在此情况下，我们除了就理论的内部一致性提出批评外，就不知根据什么来权衡不同的道德理论的优劣。

为什么不可以以在个别事例中的道德判断为基础呢？因为如果在个别事例中的道德判断是最根本的，则我们不能够解决道德纷争。当两个人在同一个事例中有不同的道德判断，我们无从说服另一人一个

---

① 见 1991 年 7 月 15 日《明报》。
② J. J. C. Smart and Bernard Williams, *Utilitarianism: For and Against*, Cambridge: Cambridge University Press, 1973.

道德判断比另一个更为优胜。①

　　根据道德理论去检讨对个别事例的道德判断，与根据个别事例中的道德判断去检讨道德理论，都是可取的，我们没有理由放弃其中一个方法不用。至于是根据道德理论去调整个别的道德判断，抑或根据个别的道德判断调整道德理论，取决于我们对那些个别的道德判断的信心有多大。

　　在上文中，笔者根据多元价值理论较能解决实际道德问题而倾向于选择多元价值理论而不选择单一价值理论，这就是根据实际事例中的道德判断去评价普遍的道德理论。

　　笔者此处所说的"个别事例中的道德判断"，在一些重理论而轻个别判断的哲学家的讨论中被称为"道德直觉"。但其实应相当于罗尔斯所说的"深思熟虑的判断"（considered judgments）。②

　　在《正义论》中，罗尔斯如此解释"深思熟虑的判断"："它们是作为这样的判断被引进的，即我们的道德能力最能够不受曲解地体现在这些判断之中。这样，在决定哪一些判断属于所考虑之列时，我们可以合理地选择其中一些而排除另一些。例如，我们能排除那些犹豫不决的或只抱很少信心的判断。同样，那些在我们迷惑或惊吓时作出的判断，或者我们以某种方式坚持自己的利益时作出的判断也都要弃之一边。所有这些判断可能都是有错误的，或者受到对我们自己利益的过分关注的影响。"③

---

① 参看 R. M. Hare, "Methods of Bioethics: Some Defective Proposals", in L. W. Sumner and Joseph Boyle (eds.), *Philosophical Perspectives on Bioethics*, Toronto: University of Toronto Press, 1996, p. 30。
② 此处所用的中译名取自石元康：《罗尔斯》，台北：东大图书公司，1989。
③ John Rawls, *A Theory of Justice*, Oxford: Oxford University Press, 1972, p. 47. 译文引自何怀宏、何包钢、廖申白译：《正义论》，北京：社会科学出版社，1988，第 44 页。

　　要道德理论合乎我们在所有个别事例中的道德判断是不可能的，亦不见得是好事，因为这些个别事例中的道德判断有些是混乱的，有些更是错误的。我们只能够重视罗尔斯所说的"深思熟虑的判断"，而不是所有的判断。若能做到道德理论与深思熟虑的判断两者大致吻合，已经算是相当不错的了。

　　根据道德理论去调整深思熟虑的判断，又根据深思熟虑的判断去调整道德理论，尽量做到两者吻合，就是罗尔斯所说的"反思的均衡"（reflective equilibrium）。[1]

　　丹尼尔（Norman Daniels）更提出"广泛的反思的均衡"（wide reflective equilibrium）的观念，追求道德思考三个部分的一致性：① 深思熟虑的判断；② 目的在整理深思熟虑的判断的一组原则；③ 相关的背景理论或认知（例如人性、心理、法制、社会状况、经济结构，等等）。[2]

结论

　　本章探讨了应该用什么方法从事应用伦理学。先接受一个伦理学理论，再将此理论应用于解决实际的道德问题，并不是一个好的方法。应用伦理学不仅是伦理学的应用。寻求解决实际的道德问题，与寻求较可取的道德理论，并不可分割为两码事，两者需要同时进行。

　　笔者作出论证，多元价值的道德理论，优于单一价值的道德理论；而没有明确词典式秩序的多元价值的道德理论，又优于有明确词典式秩序的多元价值的道德理论。而作出此论断乃是基于寻求道德理论与"深思熟虑的判断"之间有一个更佳的均衡。

---

[1] 关于反思的均衡法的一个简单说明，可参看 John Rawls, *A Theory of Justice*, Oxford：Oxford University Press，1972，Chapter 1，Section 9。

[2] Norman Daniels, *Justice and Justification: Reflective Equilibrium in Theory and Practice*, Cambridge：Cambridge University Press，1996.

　　无论道德理论或是"深思熟虑的判断"都不足以作为道德思考的单向性基础。让道德理论与"深思熟虑的判断"两者之间对话，互相检讨、调整，才是较可取的方法。

第二章

从伦理学到伦理审查委员会

生命伦理学与伦理审查委员会制度

生命伦理学不仅是一个学术上的论题,随着伦理审查委员会制度
(Institutional Review Board,以下简称 IRB)成为现代科学研究的一个
必要机制,生命伦理学的基本理念及其应用,对科学研究以至社会法
制,起着实质性的影响。IRB 制度在诸如大学、医院、研究所等会进行
科学研究的机构中建立,负责审查研究提案是否合乎伦理规范。上至
最尖端的突破性科学研究,下至学生的研究报告,都要在进行前通过
IRB 的伦理审查。此制度起源于 20 世纪七八十年代的美国,至现时已
差不多成为包括整个东亚在内的全球通行的制度。

在太平洋此岸的 IRB 制度,在很大程度上都是复制太平洋彼岸的
美国,但很多都是模仿其躯壳,而没有深究其背后的精神。本章主旨在
追溯 IRB 的历史渊源及背后理念。一方面,在很大程度上,IRB 的出现
是对所在社会的实际问题以至丑闻的回应,并且是建立于所在社会本
身的价值观。将这个制度移植到其他社会,往往导致貌合神离,甚至只

视为满足"国际标准"而循例应付、敷衍了事。另一方面，我们亦可以反问：这个制度究竟在多大程度上是个别历史背景、文化脉络、社会价值的产品？在多大程度上可以经得起伦理学及哲学的推敲？

IRB 现实情况

IRB 制度现已成为在全球大部分地区被广泛接受的一种制度。任何机构，不论是公营或私营，在进行科研之前，其研究提案（research protocols）都要先经过 IRB 的审查及通过。所谓"IRB"指的即每一个有研究活动的机构，自行在机构内成立自己的审查委员会，以确定其研究人员的研究提案符合伦理标准。到了今天，设 IRB 制度，以审查涉及人类为实验对象的研究，以确定其符合伦理规定，差不多已经成为公认的国际标准。

其中一个造成 IRB 制度迅速在各地生根的原因是国际期刊的要求。现时的国际期刊差不多都会要求所有研究报告，都要在事前获得 IRB 的审查及通过，才可以在刊物上发表。另一个重要的原因是研究经费，由于通过 IRB 审查是在申请研究经费时的必要手续，IRB 制度渐渐成为各地科研活动中不可或缺的一环。

现时的 IRB 制度，可说已经成为亿元产业，单是在美国，已经有数以万计的全职人员从事 IRB 的工作。所有研究型的大学都有自己的伦理委员会，负责审查涉及人类为实验对象的研究。以哈佛大学为例，单是大学本部已有三个伦理委员会，各自有办事处，各自聘有全职员工，以辅助委员会的工作。至于各附属医院，亦有自身的伦理委员会，以审查医院内的研究人员的研究提案。单是其中的一家医院，布莱根妇女医院（Brigham and Women's Hospital），就有数个伦理委员会，以分担大量研究工作带来的大量评审工作。在这些机构,研究提案会经过严格审查及深入讨论,过程相当认真,需要动用大量的人力及资源。

IRB 的主要负责人及办公室的全职工作人员,要受到专门的训练,以应付伦理委员会的工作。医学和研究的公共责任(Public Responsibility in Medicine and Research)作为相关的专业组织,拥有的数以万计会员主要是伦理委员会的主席或专任职员。此机构亦举办专业考试,通过者可取得 IRB 专业认证(Certified IRB Professional)的专业资格。

IRB 的制度源于美国,所依据的伦理原则亦源于美国。1974 年美国政府成立了保护生物医学及行为研究之人体受试者国家委员会(National Commission for the Protection of Human Subjects of Biomedical and Behavioral Research)。这个国家委员会的报告于 1978 年发表,并于 1979 年刊行。这个报告就是有名的《贝尔蒙特报告》(Belmont Report)。其中提出的伦理原则为日后 IRB 制度采用,并成为其主导思想。正如一些学者所指出,到了 90 年代,《贝尔蒙特报告》"作为评价人体受试者研究伦理的主流框架,已经在国际上得到了差不多是宪政的地位"。(Faden et al., 2005:41)

我们有必要作出进一步的追溯,IRB 的制度及伴随着此制度的伦理原则到底又是怎样出现的?

IRB 历史背景

第二次世界大战后,纳粹德国的官员在纽伦堡被国际法庭公审,其中包括医生与科学家。他们曾对犹太人及精神病患者进行有军事价值的人体实验。在战后,他们被指控犯了反人道的罪行。纽伦堡的审判,不但对犯人道罪行的医生和科学家判罪,亦总括了科研伦理的基本准则，即后世所谓《纽伦堡法则》（*Nuremberg Code*）。《纽伦堡法则》可以算是医疗伦理学以至生命伦理学的现代源头。《纽伦堡法则》列出以人类为实验对象的研究必须遵守的十大原则，其中最有代表性及深远影响力的一条是：以人类为实验对象的研究必须得到实验对象的知情同意（informed consent）才可以进行。[①] 与知情同意下参加的原则相辅相成的是自由退出的原则，指的是参加者具有中途退出的权利。即是说纵使参加者曾明确表示参加，在中途仍然可以退出。《纽伦堡法则》对这两项原则的陈述，都相当强硬和不留余地。

《纽伦堡法则》的用意在于保障个人免于被滥用为科学及医学的研究对象。由于《纽伦堡法则》的重点在于保障个人权利，其规定宜紧不宜宽，故后来在施行上每每会有规定过于简单死板的问题。例如，当病人处于昏迷或危急状态，如何能事先得到病人的知情同意？如果一个仍在实验阶段的新研发的治疗方案可能对处于昏迷或危急的病人起到救治作用，却因为无法取得病人的知情同意而失去治疗机会，究竟是真的保障了病人，还是制造了不必要的障碍？这岂不是与要维护个人权利的原意相违背吗？

正是由于医学界发觉有必要或需要为不能作出决定的病人进行治疗或医学上的干预时，《纽伦堡法则》有过于简单和呆板之嫌。1964 年在赫尔辛基举行的第十八届世界医学大会，发表了一份指引，即所谓《赫尔辛基宣言》（*The Declaration of Helsinki*），对医生进行以人类作为对象的生命及医学研究，作出建议和指引。[②] 本质上，这是一份由医

---

① 《纽伦堡法则》开宗明义第一条就说："受试者的自愿同意是绝对必要的。这个意思就是，当事人应被置于一个处境，令其可以行使其自由选择的权利，而不受到任何威迫、欺骗、蒙蔽、失实或其他外在的限制或强制。"（*Nuremberg Code*，1947）

② 原文题目为"对医生从事涉及人体受试者的生物医学研究的指导建议"（Recommendations Guiding Medical Doctors in Biomedical Research Involving Human Subjects）。

学界制定，为了适应医学界需要，而给医学界遵守的守则。

《赫尔辛基宣言》其中的两点有特别深远的意味。第一，提出了代理人同意（proxy consent / surrogate consent）的概念。即当一个人（例如婴儿或昏迷病人）无能力作出知情同意，合资格的代理人可以代表当事人作出同意。第二，提出了治疗性质的研究（therapeutic research）与非治疗性质的研究（non-therapeuticresearch）的区别。代理人可以代表同意参与治疗性质的研究，却不能代表同意参与非治疗性质的研究。背后的考虑是当代理人代表当事人同意参与一个实验或研究，只能是为了当事人本身的利益。

虽然《纽伦堡法则》设定了行为守则，其后得到广泛接受，我们却不可说《纽伦堡法则》在颁布之后影响了实际的研究活动。一般人的意识是：《纽伦堡法则》是针对纳粹德国科学家与医生在二战时的罪行而总结出来，应该与二战后一般医学与科学研究没有什么真正关系。

虽然《纽伦堡法则》设定的标准普遍地为后世的人所接受，我们却不可以说《纽伦堡法则》在公布后已对当时实际的科研操作产生了影响，原因是当时社会上并未有自觉像纳粹德国科学家与医生那样违反《纽伦堡法则》的罪行也会在我们当代的社会出现。那些被谴责的罪行是在二战时并在诸如集中营的环境发生，好像与在和平时代、发达社会的我们没有什么关系。《纽伦堡法则》被视为是对纳粹罪行的说明书，多于是实际正常科研规范的指南。

对学术界而言，比彻（Henry Beecher，1904—1976）在1966年发表的论文起到的实际冲击和直接影响，比起《纽伦堡法则》及《赫尔辛基宣言》都要大。此论文对学术界起了暮鼓晨钟的作用。比彻乃哈佛大学医学院享有盛名的资深教授，在其学术生涯的晚年，检点学界平生，写成《伦理学与临床研究》一文（Beecher，1966），发表于权威的医学刊物

《新英伦医学期刊》，指出学术界的违反伦理的科学研究并不罕见。对于何时何地有违反伦理的研究及实验这一个问题，比彻提出了清晰而响亮的答复：此时此地！在论文中，比彻罗列了超过 20 个有违伦理的医疗科学研究，那些研究都是在有地位的学术期刊中公开发表的。比彻的论文如一石激起千层浪，究其原因，有数大端：他在本行中甚具地位；他指名道姓地作出批评；他列举众多事例，且都是从高端期刊中随手摘出。然而，此论文的结论却颇为保守。他只是呼吁要有更好的自我管束，并诉之于研究者的个人美德，而没有要求更大的社会注视及法律制裁。虽然这篇论文吸引到学术界中研究人员的注意，在社会上却没有显著影响。科研人员虽然开始留意到涉及人体受试者的研究触及伦理问题，但仍然保持传统的观念，即专业人员的自身管束已经足够，无须他人维持必要的伦理规范。

由 20 世纪 70 年代初开始，美国社会开始逐渐浮现一些骇人听闻的丑事，这些丑闻涉及对人体受试者进行不道德的研究或实验，引起了大众的关注。其中最为臭名昭著的是 1972 年被传媒报道的塔斯基吉梅毒研究（Tuskegee Syphilis Study），原来自 1932 年开始，美国政府下属的公共健康服务处对数以百计的黑人梅毒病患者，进行了长达数十年的追踪观察研究。研究人员研究梅毒对人体的影响，观察病情的发展，却不给予任何治疗。为了要追踪病毒的自然发展史，他们甚至阻止其他医生对研究对象提供治疗。研究人员在期刊发表论文，直言不讳作出如此解释："这些人提供了一个难得的机会，去研究不获治疗的梅毒病人从病发到死亡的全部过程。这亦是一个机会，去比较没有受到现代治疗的梅毒病发过程，与得到治疗而达致的效果。"（Vonderlehr et al.，1936）

到了 1966 年，公共健康服务处的其中一个研究人员巴克斯顿

(Peter Buxton)对研究的伦理性提出质疑。该部门因此而征询了相关的医学团体，并且得到了认可，确定了研究具有高度的科学价值，因此并无伦理上的问题。该部门发出指示，须将研究坚持到全部完成为止。巴克斯顿挺身做吹哨者，将资料发放到《华盛顿邮报》，《华盛顿邮报》于1972 年 7 月 25 日以头条报道。《纽约时报》亦相继在头版报道。美国政府于是设立委员会专责调查，结果判定此研究违反伦理。美国政府终于在 1997 年 5 月 16 日，由当时的总统克林顿亲自作为代表，向塔斯基吉梅毒研究的受害者正式道歉，并说："已经做了的事不能被抹去，但我们可以终止对事件的沉默……我们可以停止把头别过去，我们可以正视你们的眼睛，终于可以代表全体美国人民，对你们说：'美国政府做了可耻的事，我很抱歉。'"此事的关键不单是知错及认错，更是公开地与过去的错误切割，从此改错。在承认过去犯错的同时，尽量防止类似的错误再次出现。

国家委员会与《贝尔蒙特报告》

由于有涉及人体受试者的医学研究的丑闻被揭发，美国参议院在1973 年成立了附属委员会，由爱德华·肯尼迪任主席，举行了听证会。听证会上，多个证人罗列了大量证据，指证"在人类实验的领域中，存在大量的侵凌行为"。由于听证会揭露出的情节严重，随后成立了国家委员会，以作进一步的跟进。

为了响应对众多科学及医学研究的指控，美国国会成立专责委员会以检讨保护人体受试者的原则及政策。保护生物医学及行为研究之人体受试者国家委员会主要是在 1974 年至 1978 年间工作。经过屡次修正之后，报告于 1979 年出版，此即《贝尔蒙特报告》。美国卫生及公共服务部根据此报告再拟定法律规定，此即美国法律"45 CFR part 46"。

《贝尔蒙特报告》提供的不只是行为指引，还包括一个伦理原则的体系，构成后来生命伦理学主流理论的基础。[①] 为了落实对人体受试者的保护，《贝尔蒙特报告》又建议规定每个研究机构成立审查研究提案的审查委员会，即 IRB，亦称为人类实验对象伦理委员会（Human Subjects Ethics Committee)或伦理委员会（Ethics Committee)，主要职责为确保机构内涉及人类实验对象的研究符合相关的伦理原则。

IRB 制度于 2000 年在美国成为硬性规定的制度。《保护人类实验对象法规》(*The Human Research Subjects Protection Acts*，HRSPA)于 2000 年通过，规定所有涉及人类实验对象的研究，必须先得到参与者的知情同意，并且必先取得机构内伦理委员会的批准，不论其资金来源是公家或是私家。

随着 IRB 制度在美国确立，国际上亦相继仿效，承认此制度为保障科研合乎伦理规定所必不可少的一个环节。此美国标准亦渐成国际标准。

IRB 的移植

今天人们所理解的、在实际上起到规范的科研伦理（research ethics），其实是在特殊的历史与社会背景之下发展形成的。影响其发展的因素，出于连串事件及互动，多于出于学理讨论的内在逻辑。科研伦理现时的焦点及原则，在相当大的程度上源于针对诸如纳粹实验及

---

① 《贝尔蒙特报告》的两位主要撰写者为伦理学家比彻姆与邱卓思，他们后来还撰写了《生物医学伦理学原理》，阐述相近的理念，成为主流生命伦理学的权威教科书。(Beauchamp and Childress，1979)

塔斯基吉研究等劣行而构思出来的。为了防范在研究或实验中,不顾参与者的利益或意愿,作出补弊救偏的设计,以防止历史重演。

在美国,科研伦理与 IRB 的制度,是有其历史根源而自行发展出来的,但在东亚的其他地方,如日本、韩国、中国台湾及中国香港,可说是从外地移植过来的。程序及准则都是根据所谓"国际标准"而设定,很多时候都是徒具形式,变成了一些手续。将审查重点放在诸如稽查研究人员作了各项申报,例如得到参与者的知情同意、移除辨认个人身份的记号、将保密信息妥善收藏并于之后销毁等等,而不是对提案的具体内容逐一严格审阅,使得关键问题不是研究提案是否合乎伦理,而是如何包装可以使之合乎伦理规定。动机基本上是出于外加而不是内发,在工作上很容易出现官僚及敷衍的现象。很多时候,伦理审查的工作意义,并不被当成筛除不合伦理的研究以保障人类研究对象的权益,而是保障研究者避免受到侵犯研究对象权益的指控。

对伦理审查的意义有不同理解,会影响到在现实中的实践工作。如果伦理审查委员会所关心的是保障研究者免于受到从事不道德的研究的指控,则知情同意书应该越详尽越好,并且要用复杂精确的法律语言表达,这有利于研究者辩护及免责。然而,如果目的是保障参与者的权益,则应便于参与者接收,帮助他们关注关键有用的资讯内容,并且使用简单易明的日常用语。工作的过程也会很有不同。如果主要目的是保障研究者免受指控,重点应放在稽查是否有跟从法规或"国际标准"。但如果主要关心当事人的利益,则应细看对他们的实质影响,并确定他们所承受的风险属于合理程度,并且已设法尽量降至最低。

或许有人会说,东亚其实也有类似的历史遗产——也有类似纽伦堡审判所处理过的战争罪行。例如,二战时 731 部队在中国东北进行的惨无人道的人类实验。这些惨痛的历史教训可以帮助提醒人们科研伦理的重要性吗？很明显，答案是否定的。人们常见的反应有两个：否定与回避。有些人会说，事实如何并不清楚，而事后多年才传出的说法有夸张失实之嫌。有些人则说，那些已经是很多年前的事了，再提起来不利于与邻国发展友好关系。纵使是大家同意有这些历史事实，仍然是被视为战争中的疯狂暴行，但不见得与现今社会的科研实验有何切身关系。事实上，当今东亚的科研人员，亦难以想象自己从事的研究与 731 部队的所作所为可以扯上任何关系。

在美国，根据实际的社会需要，其科研伦理学可以分为两大类。两者重点颇有不同。第一类可以称为美国（本地）科研的伦理，主要的关注点是保障参与者的意愿及权利得到尊重。第二类可以称为跨国科研伦理，实际指的是美国科研人员在外国——特别是在发展中国家——进行科研时要遵守的伦理守则。

跨国科研伦理特别关注科研利益的分配，包括参与的个人和当地的社群两个方面。以上两类科研伦理似乎都不是特别适用于东亚比较现代化、富裕、科学上较先进而文化价值观又相当不同的地区，如日本、韩国、中国台湾及中国香港。这些地区在科研上碰到的伦理问题与美国研究者在海外发展中国家进行科研时碰到的问题很有不同。

社会脉络与价值前设

在本章的最后一节，我们将回顾美国科研伦理学的原则及制度出现的背景，并检讨在多大程度上适用于我们当今的东亚社会。

现时主流的科研伦理的原则及制度可溯源至二战后对纳粹罪行的深恶痛绝及 20 世纪 60 年代美国种族隔离政策造成的恶果的深切反省。在这样的大氛围下，个人处于社会分化、种族歧视的不友善的环境下，其个人权益如何得到充分的保障成为了首要的考虑。当然，尊重每个人的基本权利，在当今的各个社会都是重要的。但伦理的考虑是否仅止于此？将科研伦理看成切勿违反研究对象的权利，可能会对个人权利的一些无关痛痒的细节小题大做；另一方面，又可能忽略还有其他重要的伦理问题。

其实在现时科技迅速发展的社会，参与新医疗技术或药物研发的研究或实验，心态与数十年前的人已大有不同。二战时被强权征召为研究对象的，其被人利用及侵犯权益就不用多说了。在商业社会中，为了生计而参加对自己健康无益甚至可能有害的研究亦足以令人不安。然而，在疾病被及早发现又有新药物可能有特效的时候，受试者参与研究，可能被认为是出于利益多于负担。纵使治疗仍属于实验阶段，成效有待证明，但人们可能还会有更好的理由争取参与。同样地，在一个被流行病威胁的社会，研究有其必要性及迫切性，在这些情况下，对个体的自主性多一些限制也可能是合理的。如果研究是与重大的公众利益攸关，则参与可能成为一种责任，或应为社会上各人所共同分担。这并不是说公众利益可以凌驾于个人权利，但却表示在重大公众利益受到严重威胁的情况下，一些较次要的个人权利可能要有一些妥协。

科研伦理的一个最大考虑是一方面希望得到科研对社会的贡献，另一方面要保障个人权利，关键是如何在两者之间取得良好的平衡。美国主流模式的概念框架（conceptual framework），并不能很好地达成这个目的。《贝尔蒙特报告》提出的伦理原则，将保障个体的权益置于至高无上的地位。其中的尊重自身原则（principle of respect of persons）、利益原则（principle of beneficence）、公义原则（principle of justice），其目的都是为了保障个体的权益。利益原则所指的"利益"，乃指个体在参与研究中获取的利益，并不包括人类整体的利益。公义原则所指的"公义"，乃指个体不应被分配过多的责任，而没有承认个体有任何参与研究的责任（为重大公共卫生而参与作为人体受试者的责任）。

事实上，有不少科研伦理或生命伦理的问题是不能在此概念框架下解决的。也就是说，单看当事人个人的意愿、权利、利益，并不能解决所有重要的伦理问题。除了当事人个人的意愿、权利、利益，还要考虑一些其他因素，例如人伦责任、社会价值、对后代及环境的影响。例如，人类器官及胎儿亦具有若干道德地位（moral status），纵使不被视为拥有权利的个体，亦不能对之任意处置，亦不能单靠找出权利的拥有者（如死者或孕妇）及其意愿，而得以解决相关的伦理问题。换言之，不是所有的研究伦理问题或生命伦理问题，都可以约化为个体（包括死者、孕妇或流产胎儿）的个人权利以求解决。克隆人以及胚胎细胞研究肯定都涉及研究伦理或生命伦理的重要问题，但这些问题并不能只是理解为如何保护人体受试者的问题。

现时流行的 IRB 模式是由个别的历史及社会背景下发展出来，其设计的意图是改正过去所犯之错误，其贯穿性的议题是保护人体受试者在参与研究项目时的权益。然而，现时社会上需要的研究伦理及制度要切合不同文化及改变中的社会脉络，面对的难题不仅是防止再犯过去犯过的错误，更要避免在应对新的可能性出现的时候，犯下前所未见的错误。我们所需要的伦理及制度，是能够反映出我们道德关怀的各个方面，其范围远超过对个人权利的保障。

参考书目

Albert R. Jonsen, *The Birth of Bioethics*, New York：Oxford University Press，1998.

Bernard Gert,Charles M. Culver, and K. Danner Clouser, *Bioethics:
　　A Return to Fundamentals*, New York: Oxford University Press,
　　1997.

George J. Annas, *American Bioethics: Crossing Human Rights and
　　Health Law Boundaries*, Oxford: Oxford University Press,
　　2005.

Henry Beecher,"Ethics and Clinical Research", *New England Journal
　　of Medicine* 274 (24), 1966, pp. 1354 – 1360.

James F. Childress, Eric M. Meslin, and Harold T. Shapiro (eds.),
　　*Belmont Revisited: Ethical Principles for Research with Human
　　Subjects*, Washington, DC: Washington University Press, 2005.

Jonathan D. Moreno, *Is There an Ethicist in the House? On the
　　Cutting Edge of Bioethics*, Bloomington, IN: Indiana University
　　Press, 2005.

Joseph P. DeMarco and Richard M. Fox(eds.), *New Directions in
　　Ethics: The Challenge of Applied Ethics*, New York: Routledge
　　& Kegan Paul, 1986.

Nuremberg Code (1947), reprinted in *British Medical Journal*, 313
　　(7070): 1445 – 1449, 1996.

R. A. Vonderlehr, T. Clark, O. C. Wegner *et al*. ,"Untreated syphilis
　　in the male Negro", *Ven Dis Inform* 17: 260 – 265, 1936.

Renée C. Fox and Judith P. Swazey, *Observing Bioethics*,New York:
　　Oxford University Press, 2008.

Ruth R. Faden, Anna G. Mastroianni and Jeffrey P. Kahn," Beyond
　　Belmont: Trust, Openness, and the Work of the Advisory Committee

on Human Radiation Experiments", in Childress *et al.* 2005, pp. 41 – 54.

Stephen Toulmin, "How Medicine Saved the Life of Ethics", *Perspectives in Biology and Medicine*, Vol. 25, No. 4 (Summer 1982), pp. 736 – 750, reprinted in DeMarco and Fox, 1986, pp. 264 – 281.

Tom L. Beauchamp and James F. Childress, *Principles of Biomedical Ethics*, New York: Oxford University Press, 1979.

第三章

从公众利益到个人权利

人无可避免要下道德判断

著名哲学家罗素（Bertrand Russell，1872—1970）与著名哲学史家科普勒斯顿（Frederick Copleston，1907—1994）神父曾经有过一场著名的哲学辩论。① 这场辩论于 1948 年在英国广播电台播出。从现存的记录来看，罗素在辩论中占尽上风，大有咄咄逼人之势。可是，在这场论辩之前却有一段鲜为人知的小插曲。

在正式广播之前，先要来一次彩排。在彩排中，科普勒斯顿神父问罗素："你是否认为希特勒的所为是错误的？"这个问题对于罗素可不是问题，他第一时间斩钉截铁地答道："当然肯定是错误的。"科普勒斯顿神父接着问："在你的道德哲学中，你提出道德相对主义，主张道德只是社会的习俗，并无真假可言。你一方面说道德是相对的，另一方面又说希特勒的作为肯定是错误的，这岂不是自相矛盾吗？"一向雄辩滔滔的

---

① 收入 Godfrey Vesey，*Philosophy in the Open*（Milton Keynes：1974）Chapter 11。

罗素，竟然不知如何回应。在一段长时间的静默后，这位素以推理精密的逻辑学家及思想家，竟不得不承认："是的，我确实是自相矛盾的。"

彩排过后，快要到正式广播的时候，罗素尴尬地提出请求："神父，待会正式广播的时候，你可不可以不问我这个问题？我不能在数百万听众面前承认我自相矛盾呀！"结果科普勒斯顿神父没有问这个问题，罗素才得以逃过一次被逼要承认自相矛盾的困境。

重提以上这个故事的目的是要说明一个人生活在社会之中无可避免要下一些道德判断。你可以怀疑社会上流行的道德标准是否只是世代相传的习俗、禁忌，是否只是当权者借以控制他人的工具，或是否只是人们情绪的发泄，但当你在生活中要有行动，或要作出决定的时候，你无可避免地要下道德判断。

假使你看见一个人跌下了水，你救他呢，还是不救？你是否可以认为，既然不是你推他下水的，你不救他亦没有不对？你得判断，如果你不救他，你有没有做错。别人见死不救，你亦得判断，他做错了，还是没有错。我们并不是认为无论什么事发生都是无所谓的，我们认为有些事情是好的，发生比不发生好。我们亦认为有些事情是不好的，不发生比发生好。既然有这个想法，我们便会希望好的事发生，不好的事不发生。

政府推行什么政策，我周围的人有什么遭遇，我不会都认为是不相干的。有一些做法我是会赞成的，有一些做法我是会反对的。也就是说，我无可避免要有价值判断。

1991 年夏天华东水灾，洪水威胁南京、上海等大城市，当时的政府面临一个抉择，要么就是让洪水涌入大城市，要么就炸掉堤坝，引洪水到农村。① 将洪水引到农村会损害一些本来不受水灾严重影响的农

---

① 见 1991 年 7 月 15 日《明报》。

民,却大大地减少了灾民的人数。到底政府应不应该这样做? 我们无可避免地要面对这个问题,拖延回答即变相采取了任由洪水淹没城市的方针。

既然无可避免要作取舍——也就是作出所谓价值判断,我们取舍或作出价值判断的根据又是什么呢?

我们判断的时候,根据的可以是自己的利益。若是如此去判断的话,当我是农村居民与我是城市居民的时候,判断会有不同。然而,我们不一定要由这个角度去作出判断。我们亦可以就事论事而判断,即不对任何一方偏袒,提出一个不受自己身份左右的判断。

假如我不说"我不喜欢别人偷我的东西",而说"偷东西是不对的",那么我表达的并不是个人的好恶,而是一个独立于我个人利害的价值判断。根据我的这个判断,不论偷东西的是谁,是我也好,是别人也好,偷东西这个行为都是不对的。这个判断不会因为我是偷东西的一方,抑或是被偷东西的一方,抑或是无关痛痒的一方,而影响其成立或不成立。这样的一个判断超越了个人的立场,提出了一个每个人都可以奉行的原则,已经不单是一个价值判断,而且是一个道德判断了。①

问题是:我们作出道德判断,既然不是根据自己的利益,那么根据的又是什么呢? 我们凭什么说引洪水淹没农村是对或不对的呢?

---

① 这里指出道德判断是价值判断的一种。价值判断表达取舍,道德判断则是超乎个人立场的价值判断。这等于说道德判断有两大特色:① 表达取舍;② 不偏袒任何一方。这两点与黑尔(R.M. Hare)提出的道德判断的两大特色:① 指导性(prescriptivity);② 普遍性(universalizability),是相对应的。参看 R. M. Hare, *The Language of Morals* (Oxford:1952); R. M. Hare, *Freedom and Reason* (Oxford:1963)。

道德判断的标准是什么？

笔者中学就读的是一所基督教学校，每天都有早会，传扬基督教的道理。有一次比较特别，笔者的印象亦较深，是由一位高年级的同学忏悔。他面对着满堂的同学，声泪俱下地说自己以前很坏，后来信了基督才洗心革面重新做人。他说自己以前很坏，到底他以前做了什么大坏事呢？原来他以前有自渎的恶习。

笔者当时大约念初三，不很懂得什么叫"自渎"。便去问其他同学："自渎是什么？是很坏的吗？"结果当然是受到其他同学的嘲笑。但笔者始终不明白为什么自渎是这样的一件大坏事，到底它坏在哪里？当年那位高年级同学好像还说了句"放纵情欲"之类的话。好吧，就算自渎是放纵情欲吧，但是放纵情欲为什么是一件坏事呢？

笔者又听过一个故事，有一个叫西蒙（Simeon）的人，有一天经过一根柱子，他就想："到底人可不可以在这柱子上生活呢？"他当下许下宏愿，要一生在这柱子上生活。大家或许会笑：这怎么可以呢？你今天不下来，明天你还是要下来的。这个星期你不下来，下个星期你还是要下来的。这个月你不下来，下个月你还是要下来的。岂料他一天不下来，一个星期不下来，一个月仍不下来。一年不下来，十年亦不下来（其间当然有人照料他的起居饮食）。当时的教会认为他的行为难能可贵，结果封了他做圣人，史称圣人西蒙（St. Simeon）是也。

看了这个故事，大家也许会笑这个圣人西蒙是个大笨蛋。大家不要笑啊！圣人西蒙也实在难得，我们普通人要这样过一天也很难做到啊。难能确是事实，但可以说是可贵吗？如果说我的中学同学所做的是错的，圣人西蒙所做的是对的，我们根据的是什么标准？是否凡是克制情欲的就对，放纵情欲的就不对？

道德的新思维

　　欧洲中世纪流行的道德标准是基督教的道德标准，以克制欲望为高尚，放纵欲望为堕落。18、19 世纪的英国却兴起了一套新的道德观，这套新道德观正是针对当时的基督教道德观而提出来的。[1] 这套新道德观就是效益主义（utilitarianism，通常译为功利主义），赞成这个观点的人当时被称为哲学激进派（philosophical radicals）。

　　这套新道德观的主要理论家有两个：边沁与穆勒。边沁是英国哲学家及法学家，一生致力于道德及法律改革，主要著作有《道德及立法原理导论》。穆勒是英国哲学家及经济学家，在多个学科中有丰富的著述，道德及政治哲学方面的著作则包括《论自由》及《效益主义》。

　　他们提倡的道德新思维对传统道德强调克制欲望的观点提出了质疑。克制欲望为什么会被认为是一件好事？试想想，如果人们不克制自己的欲望，见了好的东西就要据为己有，不喜欢一个人就把他杀死或打伤，这会是一个怎样的世界？相反，一个尽自己责任、为大众谋幸福的人，每每要克服自己的欲望，才可以成功地完成责任。

　　但是，按上面这个思路，并不能说明克制欲望本身是一件好事，只能说明当有助于完成我们应做的事的时候才是一件好事；亦不能说明不克制欲望本身是一件坏事，只能说明在影响我们做不应该做的事的情形下，不克制欲望才是一件坏事。

　　我们可以这样说：如果一个人不是为了其他目的，只是要令自己

---

[1] Anthony Quinton, *Utilitarian Ethics* (London：1973) Chapter 1.

的欲望不能满足，他所做的事并不见得在道德上是正确的。例如，一个人喜欢睡得舒服，却不是为了什么原故，只是为了令自己吃苦，要睡在柴火上，那么我们不见得他所做的有什么道德价值。克制欲望有的只是工具价值而不是内在价值。如果克制自己的欲望令自己不快乐，但能令更多人得到更大的快乐，那么克制欲望是有价值的。如果克制自己的欲望，令自己不快乐，又不能令别人快乐，那么克制欲望便是没有价值的。①

由此可见，克制自己的欲望本身没有道德价值，只有在促进群体的快乐的情况下，克制自己的欲望才有道德价值。因此，克己只是手段，快乐才是目的。

这些提倡新道德思维的"哲学激进派"同时认为，直觉是靠不住的。有人认为，什么是对，什么是错，只能问心。人人都有一个良心，会告诉我们什么是对，什么是错，只要我们不受私欲蒙蔽，认识事情的真相后，无需分析，无需推理，即可凭良心的直觉直接得知事情的对错。

这类诉之于良心，道德直觉的行为是靠不住的。首先，诉之于直觉很容易流于武断。我们怎么知道这些真的是良心的判断，抑或只不过是传统、习俗、教养、阶级利益所塑造出来的偏见呢？历史上不乏以偏见为道德的例子，以前的人认为妇女被奸污后应该自杀，丈夫死后不应改嫁，这些不过是以前的人的偏见罢了，他们却称之为道德。我们又怎么知道我们现在的所谓道德，不是我们现代人的偏见？其次，诉之于直觉亦不利于理性讨论。如果你诉之于你的直觉，我诉之于我的直觉，当大家的直觉不同的时候，理性讨论变成不可能。我可以说：凡人都有良心，有良心的人都会这样判断，你的判断竟然刚好相反，所以你没良

① John Stuart Mill, *Utilitarianism*, *On Liberty*, *and Considerations on Representative Government*, H. B. Action ed. (London: 1972) Chapter 2.

心，不是人！在这种情况下，如何可以有进一步的讨论？唯有诉之于其他的非理性的途径去对付你了。由此可见，要解决道德纷争，求取一个可供公开讨论的基础以作判断的标准，实属必要。

克己本身既没有价值，那么什么才有价值？直觉既不可靠，那么我们又可以用什么作为判断的标准？提倡道德新思维的效益主义者的基本立场是这样的：

（1）快乐本身是好的。带来快乐不一定好，因为带来快乐的同时可能有其他不好的副作用。但如果我们单单考虑快乐本身，则断断不能否定快乐本身是好的。既然快乐本身是好的，那么越多快乐便越好，不管是谁的快乐。

（2）每一个人的快乐都是同样重要的。效益主义并不是教人要尽量令自己快乐。自己的快乐固然是一件好事，但别人的快乐同样亦是一件好事。从道德的观点看，一个人的快乐并不比另外一个人的快乐重要。最好当然是令每一个人都快乐，但如果不能同时令全部人都快乐，唯有退而求其次，令尽量多的人得到尽量多的快乐。因此，效益主义者会认为，一些令一些人不快乐却令更多人得到更多的快乐的行为，是道德上做得对的行为。

效益主义的中心思想

效益主义有不同的版本，有些效益主义者认为只有人的快乐才是重要的，有些却认为动物的快乐亦相当重要；有些将快乐狭隘地理解为感官的享受，有些却将快乐视为包括一切人们追求的价值。然而，不同的效益主义者作为效益主义者，有一些共同的宗旨。所谓"万变不离其宗"，以下要介绍的就是各种版本万变不离的"宗"，笔者称之为"中心思想"，指的是效益主义作为效益主义的定义性特色。

效益主义的第一大特色是后果论，即认为一个行为在道德上是否正确，决定于该行为会带来什么后果。意思是说，一个行为之所以是对的是因为它能带来一些好的东西。假设我们讨论当娼是否不道德，如果你认为当娼贬低人的尊严，因此是不道德的，或你认为人有自由决定自己过什么形式的生活，因此当娼并非不道德，那么你并不是从后果好不好来考虑，而是基于一些非后果的原则来考虑。然而，如果你认为当娼对或不对，要视其后果如何，如果当娼的后果好（例如，改善个人收入、令人们的性欲得以宣泄），好处多于坏处，则当娼并非不道德；如果当娼的后果不好（例如，传染性病、助长黑社会势力增大），坏处多于好处，则当娼便是不道德的。那么你便是根据后果去判断行为的对错了。

纵使我们同意了一个行为的对或错，决定于行为的后果好不好，我们仍要追问，怎样才算好，怎样才算不好？效益主义的第二大特色，是快乐论，即认为一个行为的后果是否好，决定于该行为能否为人们带来快乐。同意了以上的第一点（行为的对错决定于后果好不好），不表示一定要同意这里的第二点（所谓后果好指的就是能带来快乐）。比方说，你可以认为研究人工改造生物品种的做法是对的，因为后果好，而后果好指的是能增加人类的知识。效益主义者却认为，所谓"好"指的就是快乐，其他人认为是好的东西，例如知识，只有在促进快乐的条件下才是好的。如果知识不能促进快乐并且会带来灾难，则知识亦不是好的，这种情形下不知比知更好。

纵使我们同意了行为的对错取决于后果的好坏，后果的好坏取决于能带来多少快乐和痛苦，我们仍可以追问：行为带来的快乐和痛苦指的是谁的快乐和痛苦？是否只是指行为者自己的快乐和痛苦，抑或是所有人的（或所有受影响的人的）快乐和痛苦都要计算在内？效益主义者认为快乐本身是好的，并且每一个人的快乐都同样重要，因此，他们追求促进的快乐及减少的痛苦，指的是全部人的快乐及痛苦。所以效益主义的第三个特色是集体论，即是说效益主义要促进的是整体的快乐而不是行为者个人的快乐。最理想的当然是令人人都快乐，如果不能做到，只可以退而求其次，令尽量多的人得到尽量大的快乐。通常来说，多数人的快乐比少数人的快乐重要，因为多数人的快乐通常是更大总量的快乐，但亦有例外的情况。假如一群男子强奸一个女子，那群男子都得到快乐，受害的只是一个女子。但那群男子快乐的总量抵不上一个女子痛苦的总量，那群男子得到的只是短暂的、肉体的快乐，而那女子得到的却是长时期的、深刻的痛苦。在这个情况下，多数人的快乐不一定是更大的快乐，效益主义者亦不会赞成促进多数人的小量快乐，而牺牲少数人的大量快乐。

对效益主义的进一步推敲

效益主义者认为行为的对错取决于行为后果的好坏，但他们指的是实际的后果抑或只是人们主观地希望达到的后果？如果指的是实际的后果，我们岂非要在若干时日后知道了行为的实际后果，才可以判断一个人现在的行为到底在道德上对或不对？如果指的是主观地希望达到的后果，那么好心岂不是一定不会做坏事？

历史及现实生活中不乏好心做坏事、黑心做好事的例子。阿兰的母亲不准阿兰与她心爱的男朋友阿瑞来往，并且要她嫁给金山伯，目的是为了阿兰好，我们能因为阿兰母亲心目中希望达到的结果好，而肯定阿兰母亲做得对吗？一个警察勇于捉贼的目的是为了想升职，以便包庇黄、赌、毒业，我们能够因为他希望达到的结果不好，而断定他的捉贼行为是不对的吗？

　　所谓后果，指的是实际的后果抑或是希望达到的后果，我们可以借助以下的例子思考：假设有小甲、小乙、小丙三人，都是没有公德心的。他们都住在十八楼，都喜欢喝瓶装的啤酒，喝完啤酒后都会随手把啤酒瓶扔出窗口。一天他们三个都把啤酒瓶抛出窗口，却有不同的后果。小甲的酒瓶击中了楼下的一个行人，那人当场暴毙；小乙的酒瓶掉在地上，碎片四溅，污染街道；小丙的酒瓶刚巧砸到一个要杀人的匪徒头上，令他昏倒，当场被捕。三人的行为实际后果大有不同，我们可否说三人中有人做得对，有人做得不对？如果我们说三人所做的都是一样，都是同样不对，那么我们决定一个行为是否对的标准便不可以是行为导致的实际后果了。

　　如果不可以用行为的实际后果去决定行为的对错，那么说根据行为的后果去决定行为的对错指的又是什么后果呢？我们可以再考虑以下的例子：莫二毛很好赌，输光后回家向妻子要钱，他的妻子坚决反抗，哭着说所仅余的钱要留下来为婴儿买奶粉。莫二毛却硬要抢妻子的钱去买彩票。他希望达到的结果是赢钱，之后与妻子及儿子一起享福，买房子给妻子住，提供最好的饮食及照料给儿子。如果我们认为行为的对错取决于行为者希望达到的后果是否好，则我们要说莫二毛所做的是对的。如果我们认为应该决定于实际的后果是否好，则莫二毛做的是否对，在莫二毛做事的时候是未知之数，要待开奖后，才知道莫二毛做得对不对。你阻止莫二毛抢妻子的钱去赌，你做的可能是不对的，因为你可能在阻止他人发达。这样的道德判断不是很荒谬吗？

　　对效益主义较合理的解释，是认为行为的对错不是取决于行为的实际后果，亦不是取决于行为者主观地希望达到的后果，而是取决于可以合理地期望的后果。在楼上扔酒瓶，可以合理地期望的后果是会掷伤一些不特别坏的人，掷中一个正准备杀人的匪徒也是可能的，但并不可以被合理地期望会发生。抢妻子的钱去买彩票，可以被合理地期望的后果是会输，结果妻子伤心，儿子挨饿，中奖的机会也是有的，但并非可以被合理地期望的后果。①

根据效益主义，一个行为的对错取决于其后果，所谓"后果"指的可以是实际的后果，可以是指主观地希望达到的后果，亦可以是指可以被合理地期望的效果。如果我们较同情地理解效益主义，给予效益主义一个较为有利的解释，则效益主义决定行为对错的后果只能是指可以被合理地期望的后果。

效益主义认为所谓后果好，指的就是能带来快乐，但所谓快乐是如何衡量的呢？我们凭什么说一个行为所能带来的快乐比另一个行为多呢？

边沁提出了衡量快乐的七个向度：① 强度；② 长度；③ 确定度；④ 逼切度；⑤ 滋生度；⑥ 纯度；⑦ 广度。②

所谓强度，指的是快乐的强烈程度，例如，接吻会带来快乐，牵手亦会带来快乐，但接吻的快乐的强度比牵手强。所谓长度，指的是快乐延续的时间，较长时期的快乐自然比较短时期的快乐为大。所谓确定度，指的是快乐会出现的肯定程度，如果一个手术有八成机会医好病人，另一个手术只有五成机会医好病人，我们可以说第一个手术可带来的快乐比第二个手术大（由此点亦可见边沁所说的快乐指的并不是实际的快乐，而是可以被合理地预期的快乐）。所谓逼切度，指的是将出现的

---

① 关于后果的三个不同概念，见 C. I. Lewis, *Values and Intentions* （Stanford：1969），pp. 33 - 38。参看 Anthony Quinton, *Utilitarian Ethics* （London：1973），p. 49。

② J. S. Mill and Jeremy Bentham, *Utilitarianism and Other Essays*, Alan Ryan ed. （Harmondsworth：1987），pp. 86 - 88。

快乐距离现在有多远，在较近的将来可得到的快乐其价值比较远的将来才可得到的快乐要大。这一点大有商榷的余地，为什么较远的将来的快乐比不上较近的将来的快乐呢？或许你会说：较远的将来的快乐较没有把握可以得到，在较远的将来我是否仍然生存也不能肯定呢！这其实不过是说较远的将来的快乐较不确定罢了，与第三点所说的岂不是同一回事？若如此，就没有必要在确定度之外另提出逼切度这一个向度了。

所谓滋生度，指的是一个行为带来的快乐，能否衍生出其他的快乐。例如，读书能带来快乐，打游戏机亦能带来快乐，但打游戏机的快乐只限于打游戏机，读书的快乐除了读书明理的快乐外，更可以有学以致用的快乐、出人头地的快乐。所以在滋生度这一方面，读书的快乐比打游戏机的快乐要大。

所谓纯度，指的是在带来快乐之余会否带来不快乐，如果附带的不快乐越多，纯度便越低。例如，吸烟除了带来舒缓神经等快乐外，尚会带来一些不快乐，例如浪费金钱、危害健康。吃话梅能带来快乐，但不会同时带来什么不快乐，所以吃话梅的快乐，纯度比吸烟的快乐高。

所谓广度，指的是受惠的人的多寡。如果一个行为可以令十个人快乐，那么这个行为带来的快乐在一般情况下自然比另一个只可令一个人快乐要大。

边沁提出的指标，虽然不可以用来确切地量度快乐的大小，但最低限度亦可以为我们提供一些概念，帮助对快乐程度的大小作出一个估计。

效益主义有一句口号，就是最大多数人的最大快乐，这句口号有进一步澄清的必要。通常来说，多些人快乐，快乐的总量自然亦更大。但多数人的快乐与较大的快乐两者并无必然关系。当两者有冲突的时候,所谓"最大多数人的最大快乐",指的又是什么呢?

假设我有一百元,可以用来买一百杯咖啡,给一百个老人喝,亦可以买五件毛衣,只送给其中五个老人。两个行为比较起来,买一百杯咖啡,可以为更多人带来快乐;但买五件毛衣,却可以带来更大总量的快乐。在这个情况下,追求"最大多数人的最大快乐"的效益主义者应该怎样做呢? 买五件毛衣还是买一百杯咖啡呢?[①] 当最大多数人的快乐与最大快乐不能两全其美的时候,效益主义者应该怎样做呢?

历史上的效益主义者似乎是倾向于相信最大总量的快乐比最大多数人的快乐更为重要。因为快乐既然是好的,自然越多快乐越好,无论是由谁享有都是好的。

效益主义的实践

假设促进群体最大的快乐是一件好事,我们如何达到这个目的呢? 是否借着教育、灌输、改造人性,鼓励人人学雷锋——不顾个人生死,只知为大众的利益? 如果教人人学雷锋,也许真的可以教出两三个人出来,但要很多人都被改造成公而忘私,成功的机会恐怕很渺茫。然而,如果不是借着改造人性,效益主义者又如何落实他们的理想呢?

效益主义的创始者边沁提出一个办法,就是借着立法惩罚损害大众的行为及奖励有益于大众的行为,从而使个人利益变得与公众利益

---

① 以上的例子改编自 D. D. Raphael, *Moral Philosophy* (Oxford: 1981), p. 47。拉斐尔(Raphael)指出效益主义的"最大多数人的最大快乐"原则其实由两部分组成,包括追求最大多数人快乐的分配原则,以及追求最大快乐的累积原则,这两个部分是可以互相冲突的。

一致。例如,偷东西本来是对偷东西的人有益而对大众有害(不但被偷东西的人受到损害,其他人亦会觉得受到威胁),但由于法律惩罚偷东西的人,只要法律被有效地执行,并且给予的惩罚有足够的阻吓,偷东西便会变得无利可图了。为了贪图一些利益,而很有可能令个人前途作出重大牺牲,实在不划算。在这种情况下,不但爱护别人的人不会偷别人的东西,就算是不爱护别人而只爱护自己的人也不大愿意偷东西了。

边沁又认为,刑罚只要能起到阻吓作用就可以了,不必过重。边沁的时代,偷邻家的鸡是要判死刑的,边沁认为刑罚本身不是一件好事(因为会令被罚者受苦),但由于刑罚能防止的痛苦比它制造的痛苦大,所以总的算起来是一件好事,但过重的刑罚就会带来不必要的痛苦。边沁于是推动一系列的法律改革,例如,偷邻家的鸡的人要到澳大利亚开荒,在当时来说这已是具有足够阻吓性的刑罚,故此偷鸡的人不必要去死。

法律、制度和政策不但可以用来惩罚损害公众利益的行为,并且可以用来奖励促进公众利益的行为。

例如,政府认为使用无铅汽油能减少污染环境,更符合公众利益,为了达到更多驾驶人士使用无铅汽油这个目的,政府可以奖励使用无铅汽油的人而惩罚使用含铅汽油的人,比如向含铅汽油征收附加费,所得款项用来津贴无铅汽油,以降低其售价。这样做可以令社会的整体利益与驾驶人士的个人利益变成一致。驾驶人士无须克服个人的私心,即可以达到促进社会整体利益的目的。

利用法律制度将个人利益与公众利益挂钩,那么不论为人为己,人们都不会做出损害公众利益的事了。借助法律、制度,无需改造人性,也可以达到促进群体利益的目的了。

效益主义的辩解

有些人批评效益主义,认为效益主义是不可行的,因为效益主义追求极大化的快乐或效益,并不是可以量化的。我们并不可以说一个行为可以带来多少个单位的快乐,另一个行为又可以带来多少个单位的快乐,由此而推断出哪一个行为更应该做。

然而,并不一定要先量化才可以比较判断,例如,我们说(在《龙珠》中)比达的战斗力比魔童高,并不一定要先知道比达的战斗力是若干,魔童的战斗力又是若干。纵使战斗力不可以量度,即以数值来表示,我们仍可说某人(例如,黄飞鸿)的战斗力比另外一个人(例如,牙擦苏)高。

同样道理,纵使我们不可以说一个行为带来的效益是若干,另一个行为带来的效益又是若干,我们在很多情况下仍可以判定哪一个行为能带来更大的效益。纵使我们不能作出量化判断,只要能作出序列判断,就可以作出比较取舍了。例如说:甲的智商是 150,乙的智商是 110,丙的智商是 130,就是量化判断。说甲的智商比乙高,丙的智商介乎甲与乙之间,就是序列判断,即是将不同个体拥有一个属性的程度作一顺序排列。

我们个人的利益在很多情况下亦难以甚至不可能量化,但我们并不会因此而说为自己谋利的行事原则是不可实践的。个人利益不可量化,并不妨碍一些人以个人利益作为行为的指导原则。同样道理,群体利益之难以量化,亦不妨碍以群体利益作为行为的指导原则。

然而,批评者仍然会说:有些情况之下我们不但不能作出量化判断,甚至亦不能作出序列判断,在这些情况下如何可以将效益主义作为我们的行事原则呢？如果我们不能明确说出两个行为中哪一个带来的效益更大，根据效益主义我们应该怎么做呢？

要回答这个问题，我们试设想一下，假如我们的目的是买一件自己最喜欢的衬衣，而我们最喜欢的那一款衬衣在百货公司中却有很多件，我们应该买哪一件呢？同一款的衬衣可能有一些微细的差别，但那微细的差别是肉眼所难以看到的，因此，我们可以说我们看不出各件衬衣有任何分别。我们是否因此就不懂得选择呢？是不是我们要么就把同一款的所有衬衣都买回去，要么就一件都不买？我们只买其中一件与我们要买最喜欢的一件衬衣的原则并无任何违背。如果一个行为带来的效益不见得明显地比另一行为带来的效益好，则按效益主义的原则，两个行为的正确性并没有明显的差别，做哪一个行为都无伤大雅。

然而，批评者仍然可以指出，不同行为带来的效益难以判断高低，很多时候并不是因为我们看不出不同行为带来效益的差别，而是因为一个行为在一方面的效益较大，而另一个行为在另一方面的效益较多，这时我们如何取舍呢？例如，一个行为带来五年快乐和五年痛苦的时光，另一个行为带来十年平淡安稳的生活，两者之中何者带来更大的快乐或效益？论强度，前者较优；论持久度，后者较胜。不同的向度如何比较？

要回答以上的问题，我们可以先考虑以下的例子：报载统计结果显示最受中学女生欢迎的男生是运动健将型的男生（不是品学兼优型，亦不是英俊潇洒型的男生），假使中学男生希望受女生欢迎，你说这项调查资料对他们能否起到指导作用——令他们知道努力的方向？当然，如果你追问：怎样才算运动方面较出色？——如果男生甲打篮球比男生乙出色，男生乙赛跑比男生甲出色，谁的运动较出色？如果一个三项亚军，另一个是一项冠军一项季军，哪一个运动较出色？这些问题并不容易回答。但是，纵使我们不能回答这些问题，并不妨碍运动较出色的男生较受女生欢迎这一句话的正确性。同样道理，快乐或效益有不同的向度，不同行为在不同向度上各有长短，以致难以比较不同行为带来的快乐或效益究竟谁多谁少，但这并不表示效益主义不可以起到指导行为的作用。

　　以上对效益主义的质疑确实带出了效益主义的一个缺点，就是效益主义并不足以为我们的行为提供一个精确的指导，但这些质疑对效益主义并不足以造成致命伤。效益主义不是在一切情况下都可以为我们提供精确的指导，但至少提供了一个大概的方向，供我们参考。

对效益主义的批评

　　效益主义告诉我们，偷别人的东西是错的，因为偷别人的东西带来的不快乐比快乐大。大家或许会同意偷别人的东西是错的，但偷别人的东西之所以是错的是因为效益主义所说的理由吗？有很多行为带来的不快乐也比快乐大，但不见得那些行为都是错的。例如，两家公司竞争生意，甲公司生意不景气，如果取不到合约，公司就要倒闭了；如果乙公司取得合约，公司的盈利会增加，但取不到合约公司也没有大影响。我们可否因此说乙公司应把生意让给甲公司？如果乙公司不肯将生意让给甲公司，乙公司是否做错了？又例如，有人问我借钱，他比我更加需要我的钱，我的钱只是放在银行里以备不时之需，他则需要一笔钱购买空调，使一家人在夏天过得舒服些。我借钱给他可以带来更大的快乐，如果我不借给他，我是否又做错了？

　　偷别人的东西、与一家面临倒闭的公司竞争生意、不肯借钱给别人，同样都是不能极大化快乐的行为，为什么这些行为中有些是错的，有些却又不算是错呢？若不能极大化快乐的行为也可以是对的，岂不是说明了极大化快乐作为道德标准是有缺憾的？

令人利益受损（例如，抢去别人的生意）、带来的好处比较小（例如，将钱还给富有的债主而不用来做善事）、不能促进整体利益（例如，我不肯扮小丑娱乐大众）的行为，并不一定是错的。这已足以说明行为带来的快乐或利益的大小，并不是决定一个行为是对是错的关键。然而偷东西、杀人、强奸又为什么是错的，关键并不在于这些行为减损了别人的利益，而是在于这些行为减损的是别人应得的利益，也就是说，这些行为侵犯了别人的权利。别人的生命、身体、财产是属于别人的，因此损害他们的生命、身体、财产，就是侵犯他们的权利。不借钱给有需要的人与不还钱给有需要的债主同样都是不能极大化快乐的行为，但只有后者才是错的，因为后者侵犯了别人的权利。不借钱给有需要的人虽然不能极大化快乐，但并没有侵犯别人的权利，所以不算是错。按照以上的思路，不能极大化快乐并不是行为错误的原因，侵犯他人权利才是行为错误的原因。

效益主义的另一个毛病在于忽略了人们的生活有一个自主的范围。效益主义将极大化快乐视为最重要的目的，在追求极大化的同时可以牺牲个别人的利益，甚至一些很基本的权利。这等于将个人视为属于社会而不是属于个人自己的，视个人为社会可以运用的资源。然而，若我们认为个人的生命是属于自己的，其他人甚至社会并无权决定如何去处置他。要决定一个行为有没有错，重要的不是那一个行为可以带来多大的利益，而是那个行为有没有侵犯他人的权利。

权利的概念

常言道："有权利必有义务。"权利的背面就是义务。说你有某种权利,就是说你以外的人(可以是全部其他人,也可以是某些其他人,取决于你的是什么权利)对你有某种义务。如果其他人不尊重你的权利,就是违背了义务,也就是做错了。[1]

例如,你有权在香港居住,即是说有某方面对你有义务。就在香港居住这一权利而言,对你有义务的是香港政府。也就是说:如果香港政府不容许你在香港居住,就是没有尽对你的义务,也就是侵犯了你的权利。

一方的权利即另一方的义务。由于权利与义务有此相对关系,权利与利益并不是同一回事。我们常常将"权"和"益"连在一起说,例如说"争取权益"。其实,权和益并不可混为一谈。

违背别人的权利是错误的,但违背别人的利益则不一定错误。例如,有人想向你借钱,你不借钱给他,可算是违背了他的利益,但并没有侵犯他的权利。可能算是不够人情味,但并不算错误。

一项权利可以从三个方面作出界定[2]:

(1)权利的条件。权利必定有持有人,持有人乃以某种身份或资格得以持有该项权利。例如,以遗嘱的指定继承人的身份,以英国属土公民的身份,或仅以人的身份而获得某项权利。

---

[1] 关于一方的权利即另一方的义务的说法,参看 W.D. Ross, *The Right and the Good* (Oxford: 1930), pp. 48 – 56; James Nickel, *Making Sense of Human Rights* (Berkeley: 1987), pp. 13 – 35。然而,一方的义务却并不表示另一方的权利,参看 Joel Feinberg, "The nature and value of rights", *The Journal of Value Inquiry*, Vol. 4, 1969, pp. 243 – 257。

[2] 格瓦兹(Alan Gewirth)提出,一项权利完整的结构可由以下的公式表示:由于 Y, A 对 B 享有 X 的权利(A has a right to X against B in virtue of Y)。见 Alan Gewirth, *Human Rights: Essays on Justification and Applications* (Chicago: 1982)。其中的"X"格瓦兹称为权利的对象,相当于本章所指的权利的范围;其中的"B"格瓦兹称为回应者,相当于本章所指的承担者;其中的"Y"格瓦兹称为权利的基础,相当于本章所指的权利的条件。

（2）权利的范围。权利必有一定范围，保障持有人有某些自由或得以享有某些好处。例如，得以继承遗产，或不受无理禁锢。

（3）承担者。一项权利得以成立，必定要有某些人或团体负担起尊重该项权利的责任。权利的承担者可以是某个个别的人、国家或是全人类。例如，你有权要欠你债的人还钱，负起这个还钱责任的是你的欠债人；你有权生存，负起这个让你生存的责任的是所有人。

人权的概念

所谓"人权"指的是一个人作为一个人就有的权利。并不是所有人所享有的权利都属于人权，有一些权利（例如居住的权利、得到医疗保障的权利），是以某些身份而有的（例如以本地居民的身份，或某公司雇员的身份），都不算是人权。只有单纯从"人"这个身份就有的权利才算是人权。也就是说，只要你是人——一种有思想有感情会抉择的生物——再不管你除了是人之外尚有什么特性，即不管你是男是女、是黑是白、是贫是富，就有的若干权利。这些仅以人的身份而有的权利就是人权。

然而，人作为人究竟有什么权利呢？按照经典的看法，人权最核心的意念是认为人是属于自己的，他的生命、身体及他所创造出来的财富都是属于他的。在决定如何处置这些属于他的东西的时候，他有一个自主的范围。他可以决定自己过什么形式的生活，如果其他人横加干涉，就是侵犯了他的人权。

由"人是属于自己的"这一基本命题，可引申出三大人权：[①]

---

① 参看 John Locke, *Two Treatises of Government* Peter Laslett ed., (Cambridge：1962)，Book II，特别是 pp. 25 - 27。

（1）生存权。我的生命既然是属于自己的，我最基本的权利自然是生存权。说我有生存权，也就是说别人不可杀害我。这部分的生存权可被称为不被杀害的权利。但纵使别人不杀害我，如果我得不到生存必需的维生物资，我亦不能生存下去，所以生存权的另一部分是获得维持生命所需物资的权利。

（2）自由权。我是属于我自己的，这个"我"自然包括我的身体。我的身体既属于我，我自然有权决定如何处置自己的身体，停留在什么地方，做些什么活动，由此而引申出人权中的自由权。这个自由权亦可以具体地称为人身权，即是说我是我人身的主人，我的人身不容别人无理禁锢或残害。

（3）财产权。我的身体既属于我，我用我的身体，付出劳力所生产的东西自然亦属于我，由此可引申出人权的另一个项目，即拥有自己劳力所得成果的权利。一个人既可拥有自己劳力所得的物品，亦可将之赠送别人或与别人做交易。因此，人们亦可以有权拥有并非自己劳力生产的物品。

经典的人权观建基于人的自主性，在这种人权观之下，尊重别人的人权只要不横加干涉、侵犯就可以了，不必积极地为他做什么。较现代的人权观则是建基于人的尊严①，在这种人权观之下，尊重别人的人权是要保证别人可以过一种最低限度的良好生活。尊重别人的人权不但不可以侵犯他，更要积极为他做一点事，令他不致过于匮乏，过于不快。

不论我们对人权采取以上的哪一个看法，我们都可以得出一套与效益主义不同的道德标准。每个人都有一些权利是要受到保障的，侵

---

① 参看 James Nickel, *Making Sense of Human Rights*(Berkeley：1987)，pp. 51-2；Michael J. Meyer and W. A. Parent，*The Constitution of Rights* (Ithica：1992)，pp. 1-9。

犯了个人权利，纵使能令群体的快乐增加，也是不对的。国家并不可以将个人视为棋子或资源，按照领导人认为是重要的原因而决定如何处置他们。

个人权利与公众私益

在作出道德决定的时候，个人权利与公众利益都要列入考虑之列。

单讲公众利益是很危险的。这一点在二战以后已渐渐为人们所认识到。二战后，人们不禁要问：纳粹的暴行诸如屠杀、虐待，为什么可以出现？怎样才可以避免同类事件再发生？纳粹政权不是也振振有词地说，他们追求的是国家利益、民族利益，甚至是更大的整体利益？纵使当时的德国亦是一个民主、法治的社会，但亦无法阻止这些灭绝人性的事件的发生。

人们于是认识到，一切诉诸后果或社会既定法规的标准，都不足以防止纳粹式暴行的出现，所谓公众利益或整体利益是一个极容易被滥用的概念。要防止纳粹式暴行的出现，便不得不承认，有一些最低限度的个人权利是必须予以保障的，屠杀、虐待就是错的，不管以什么名义进行。

然而，我们亦不可以说，在任何情况下，个人权利都是神圣不可侵犯的。如果在任何情况之下都不可侵犯任何个人权利，则我们可能为了保障一些不甚重要的权利而酿成严重的灾害。

例如，我看见一个人的家园失火，为了救火我需要偷用另外一个人的私人财物。在这种情况下，如果我不救火，我不会侵犯任何人的个人权利，我对其他人财产权之尊重并不包括要捍卫其财产；但如果我救火，我会侵犯其他人的个人权利，因为要盗用他的私人财物作救火之用。然而,相对于我救火能避免出现的坏后果,我侵犯他人的权利可算是微不足道的。

如果我们承认为了避免一些严重的坏后果出现,可以侵犯一些较不重要的个人权利,那么我们就同意了除了保障个人权利之外,效益主义的考虑在道德判断中也还应是有地位的。

其实,当我们说有些权利较重要,有些权利较不重要,我们已引入了效益主义的考虑了。因为除了效益大小有不同外,我们凭什么说有些权利比另一些权利重要呢?

个人权利与公众利益在道德考虑中都有其位置,重要的是如何达致两者的平衡。在上文我们说过,道德的观点就是没有偏袒的观点,假使我们对世上的个人都没有任何偏袒,我们会要求有多少个人权利需要受到严格的保障,有多少个人权利在必要时可以牺牲? 美国哲学家罗尔斯提出的无知之幕正可以用来作为求取两者平衡的方法。①

在罗尔斯的无知之幕后,求得的平衡,是否就是罗尔斯所得出的两个公义原则,这是一个问题。但可以肯定的是,公众利益和个人权利在道德判断中都是重要的考虑因素,如果为了追求理论的简洁或一贯,而摒弃两者之一在考虑之内,则肯定是错误的。

---

① John Rawls, *A Theory of Justice* (Oxford: 1971).

第四章

普世人权与文化差异

导论

本章旨在从道德哲学的角度，拆解人权与文化之间的复杂关系，同时探索人权如何可以既有超乎文化差异的有效性，又受到文化差异下的不同价值观所塑造。

本章主要分为两部分。在第一部分，一方面笔者会点出，由于人权代表着一种低度的道德标准或低限道德（minimal morality），因此可以有效应用于不同文化。另一方面，人权的道德理念仅以最低限度的普世主义为前提，文化价值观对塑造人类道德仍然可以有举足轻重的作用。也就是说，合理的道德体系可以多于一种，却不会没有基本的共通之处。

在第二部分，笔者会论述关于人权的不同构想（different conceptions of human rights）与其所承载的不同道德价值，以及这些道德价值在不同文化中的不同程度的认受性。各种各样的构想，都会影响我们对现今人权的理解。因此，我们今天所理解的人权（一组有特定内容的权利清单），乃是经由个别文化自身的价值观（个别文化特别重视的价值观念，不必为其他文化所共有）渗透过的。

人权作为一种低限道德

人权在当今世界经常被引用为一种有普世有效性的道德标准，其有效性可跨越国界与文化差异。不论是在本地还是外地，我们都可将之视为批判个人行为与政府政策的基准。1948 年，联合国大会通过的《世界人权宣言》，由所有会员国一致同意通过，而这份宣言的本意，是要成为"所有民族与国家的共同标准"。

如我们接受人权是"所有民族与国家的共同标准"，那是否意味着道德标准都是有普世有效性的？事实上，在不同的文化中，存在着多样化的道德价值。在不同文化中存在的不同的道德价值，是否都是合理的？如果各自不同，又都是合理的，此现象又是否与人权的普世性质相冲突？

笔者希望指出，接受人权为共同的道德标准，无须以道德有完全的普世有效性为前提，因为人权观念并非一个全面的道德体系，而仅是一个最低限度的道德标准或一种低限道德。以人权为共同的道德标准，即人类道德至少有一部分有普世有效性，"人权"论述正是这种低限道德的一种表达。

承认普世人权，并不等于接受道德的普世主义，因为人权只属于人类道德的一部分。即使该部分具有普世性质，也不能否定文化价值观对塑造人类道德其他部分的重大影响，而这些影响在道德层面也可以是合理的。

认同有一套普世通用的最低道德标准，可称为"低限普世主义"

(minimal universalism)。当代哲学家中，诸如罗尔斯（John Rawls，1971）、沃尔泽（Michael Walzer，1994）与博克（Sissela Bok，2002）都是支持这个主张。沃尔泽认为，差异政治（politics of difference）与他称之为"低限主义"（minimalism）的普世主义兼容。这种低限普世主义"为特定的举措设下了限制"（Walzer，1994：x），要求虽然不高，涵盖范围却甚广，指定了"人对同伴乃至于陌生人行为的道德期望"。（Walzer，1994：17）"最低限度主义"亦代表着人类道德最基础的部分，其"所描述的并非实质意义轻微或感情浅薄的道德，而是正好相反，那是骨子里的道德（morality close to the bone）"。（Walzer，1994：6）

孟子认为道德实践包括两个部分："有所不为"及"有所为"，而前者比后者更为优先。孟子曰："人有不为也，而后可以有为。"（《孟子》IVB 8）"有所不为"，指的是不可逾越最低的道德底线；"有所为"指的却是追求一些崇高或有价值的目标。也就是说，唯有在不逾越最低的道德底线的条件之下，才可以实践追求心目中的崇高目标。

西方哲学将伦理理论划分为"目的论"及"义务论"，而古典儒家思想却认为，一套恰当的伦理理论应该同时具备"目的"及"义务"两部分。一方面是道德限制（moral constraints），界定什么行为是道德上可以容许的；另一方面是道德目标（moral goals），指出什么事物在道德上值得追求。实践道德或完成道德任务，就是在道德限制内追求道德目标。

孔子区分了追求道德的三个不同取向："狂"（极力为善）、"狷"（绝不能为不善）、"中行"（同时兼顾"为善"与"不为不善"两者）。孔子说："不得中行而与之，必也狂狷乎！狂者进取，狷者有所不为也。"（《论语》XIII 21；Lau，1979：122）孔子同时肯定三种不同的态度：狂者进取，勇于为所当为；狷者有所不为，严守道德规范。两者各有可取之处。

狂者勇于实现道德目标，但有可能因罔顾道德限制而越轨。狷者行事时会严谨遵从道德限制，或因而疏于追求道德目标。中行者，则是在道德限制之下尽量实现道德目标（但可能没有狷者的道德洁癖及狂者的道德激情）。孔子认为三种取向皆属合理，但各有所短。倘取中行，做的好事或不及狂者多，犯的过错或不如狷者少。当然，孔子是推崇中庸之道的，但他也看出了另外两种取向的价值。

孔子提出了两条道德原则：① "己所不欲，勿施于人。"（《论语》Ⅻ 2，ⅩⅤ 24）；② "己欲立而立人，己欲达而达人。"（《论语》Ⅵ 30）第一条是消极原则（界定我们不应该做的事），而第二条是积极原则（界定我们应该做的事）。第一条原则指出了行为的限制条件，第二条原则指出了应该追求的目标。实践第二条原则是更高的实践，但与此同时，我们不应该以违背第一条原则为代价。

这一套双层道德（two-level morality），是由低限道德及高限道德（maximal morality）两部分组成。正如人权道德，这套最低限度的道德标准指明了必须遵守的限制条件，即使是在追求或实现重大或崇高的道德目标时，仍然不可违反。

笔者在此处要探讨的问题是：人权与低限道德有怎么样的关系？低限道德在多大程度上可以被人权论述恰当地刻画出来？

低限道德指的是对待一般人的最基本道德，而人权论述涵盖的正是这种最基本的待人标准。问题是：低限道德是否必须以权利论述来表达？原则上来看，低限道德可以用权利论述以外的道德语言作表述，例如，以"规则""责任"或"角色"等字眼描述道德。但以权利论述界定最低道德，有特别的原因和好处。

首先，人权道德可以准确描述最低道德的基本元素。人权的重点，是反对将人看成纯粹的资源。正如尼诺（Carlos Santiago Nino，1943—1993）所言，人权的思考是"一种道德意识，可免疫将人看成纯粹资源的

意识形态"。（Nino，1991：1，3）

其次，人权亦为国家的合理权力设下了限制。手中无权的国家难有作为，但手握大权的国家却是对其国民的威胁。如洛克（John Locke，1632—1704）指出，只有疯子才会希望国家会保护自己免受他人侵犯，却不担心国家侵犯自身："人类愚蠢至斯，他们会小心避免被臭鼬、狐狸所伤，却乐于给狮子生吞活剥，甚至觉得非常安全。"（Locke，1960：Book II Section 93）为何所有文化不同的社会都需要人权道德？因为即使在不同的社会，人们对保护个人合理权益也有着相同的道德考虑；纵然文化各异，国家一类的权力实体也会对不同的社会造成相似的威胁。人权是保护国民不受国家侵扰的道德工具。因此，人权对有类似问题的社会都是有效的。（Bauer ＆ Bell，1999：7）

再次，权利作为一种道德论述，为受害人提供一种道德工具，以抵抗、抗议侵害行为，以及在事后追究及要求纠正或赔偿。权利不仅是一种合理利益（legitimate interest），由某人或某团体负起其责任；权利还意味着，在合理利益受到损害时，作出追究也是合理的。也就是说，权利持有者不但有合理利益，还有申请索赔的权利（justified claim）。如果权利不被尊重，权利的持有人就有理据，向应当对其履行义务的一方提出索赔。有了这样的道德工具，个人就可以要求其应得之物，而无须背负自私的骂名。① 有了权利的论述，要求享有自身的利益，至少可以在某些情况下被视为在道德上是理所当然的。相对于此，孟子提出的义利之辨（《孟子》IA 1），将义利截然划分开来，没有为不义行为的受害

---

① "权利"意味着相应的责任，但"权利"的意义不止如此。费因伯格（Joel Feinberg 1970）让我们想象一个地方，那个地方的人没有权利的概念，却有责任和仁爱的概念。那里的人会因别人履行责任而感恩，会为别人不负责任而失望。他们没有为自身争取合理权益的道德词汇。这个思想实验解释了为何不能将权利论述约化为责任论述，也展示了人权的道德语言对捍卫个人合理利益的作用。

者提供捍卫个人合理利益的语言或思想工具。在争辩双方各为自己利益的表象之下，难以解释或展示自己身处的道德高地。

为了设下合理对待个体的行为规限，关于权利的论述是必要的。当我们意识到在追求有价值甚至有道德价值的目标时，在道德上只能期望个体作出有限度的牺牲，那也就意味着个体拥有某些不可侵犯的权利。罗尔斯论及的人的分离和独立性（separateness and independence of persons），说的正是可以合理地对人采取的行动有其极限。他认为，其他人得到的好处无法弥补对个人造成的损害。[①] 按诺齐克的说法，权利是对个人追求或集体目标的"附带条件"（sidec onstraint）（Nozick，1974：29）。权利并非我们渴望追求的目标，而是我们追求目标时需要遵守的约束。

一、权利论述的局限

视个人权利为道德体系中必不可少的一部分，不等同将尊重个人权利视为道德行为中唯一重要或最重要的事情。在道德上，有比尊重权利更为重要的目标（有道德责任去实现或有美好价值要追求）。然而，肯定权利的存在，其意义在于设下一条底线，让人们在追求诸如最大幸福、公共利益之类的目标时，对可以施加于个体的行为作出规限。承认权利，并非规定我们应该追求什么目标。承认权利，只是设下一个规限，令人们不要为了追求美好目标而肆无忌惮。

由于人权只是最低限度的道德标准，尊重他人权利是依道德行事

---

① 罗尔斯认为，功利主义容许某些人为他人牺牲，是因为功利主义忽视了人的分离与独立。借由其他人得益，就能弥补一个人遭受的伤害（Rawls，1972：27）。但事实上，弥补一个人遭受伤害的唯一方式，就是让其本人得益。（Nino，1990：150－151）

的基本要求，但依道德行事并不仅限于尊重权利。我们不应将尊重他人权利当作道德的全部。

道德责任来自好几方面，尊重他人权利只是其中之一。除此之外，我们还有其他基于人类的利害，以及衍生自特定角色及人际关系的道德责任。

"普世原则"、人与人之间的协议或人际关系等等原因，都会产生责任。[①] 权利意味着相应的责任，但也有一些责任并不附带相应的权利。既然存在没有附带权利的道德责任，就表示权利只能够描绘道德的局部面貌。

权利论述，包括"人权"的专门论述，以至"个人权利"的一般论述，均有严重的局限。个人权利是保障个人的有效工具，但却无法有效保障及提高社会、社群的价值，对促进人类高层次目标方面，亦没有多大的用处。福山（Francis Fukuyama，1952）亦指出，"在现代，'权利'一词的用法相当贫乏，因为其涵盖的范畴并未包括古典哲学家所设想的高等人类目标"。（Fukuyama，2002：108）

二、人权作为与陌生人相处的道德

人权组成了最低限度的道德标准。对待陌生人时，采用最低限度的道德标准已然足够。我们既不能对陌生人期望过高，也不能被要求对陌生人付出太多。这就是人权道德。如格伦顿（Mary Ann Glendon）

---

① 康德认为，我们可以通过一些普遍原则，例如行为的"可普及性"（universalizability）或"将人当成目的看待"（treating people as ends），以确定什么是我们的道德责任。罗斯提及的许多表面责任（prima facie duties），都是我们自行招致的。例如，当我们承诺某人照顾他的猫，于是我们就有了照顾猫的责任。中国人所说的"伦理"，指的是不同的人伦关系有不同的理，不同的人际关系会衍生出不同的责任。基本上，"伦理"是一套建基于关系的道德观。

指出："在我们的权利方言中,深藏着一个未有明言的前设:当我们身处在一个陌生的地方,除了避免主动造成伤害,我们对其他人没有任何义务。"(Glendon,1991:77)

如此一套"最低限度伦理",在对待陌生人时已然足够,但要用这套伦理对待更加亲近、联系更深的人,却是有所不足。我们无法仅靠"最低限度伦理"获得美好的生活,如果"要家庭、社群或社会兴旺发达,我们需要做得更多"。(Bok,2002:52)

> 虽然"最低限度主义"的价值观是必要的,但远远不足以满足美好生活、充分接触人性及令家庭或社群蓬勃发展。这些价值观所代表的,是我们对自己,或为他人而设的最低要求,但在面对家人、朋友、同事、客户或政治人物等等与我们有特殊关系的人时,我们对彼此的要求断不可能停留在最低层;全人类,包括我们自己,也不会希望只获得"最低限度"的尊重。(Bok,2002:21)

对陌生人采用最低限度的道德标准,对彼此关系更亲密的人,则采用更高的道德标准。以下是一段出自《韩诗外传》的故事,正好可以说明两者之间的差异:

> 子路曰:"人善我,我亦善之;人不善我,我不善之。"子贡曰:"人善我,我亦善之;人不善我,我则引之进退而已耳。"颜回曰:"人善我,我亦善之;人不善我,我亦善之。"三子所持各异,问于夫子。夫子曰:"由之所持,蛮貊之言也;赐之所言,朋友之言也;回之所言,亲属之言也。"

孔子的三个门生各自提出相异的道德原则。有趣的是，孔子并未从中选择一条"正确"的原则，摒弃另外两条"错误"的原则。他认为这三个原则在不同的情况下各有其应用。根据我们与别人的关系，作为家庭成员、朋友或单纯的陌生人，我们有着三个层次的道德标准。善待陌生人当然没有问题，但对待朋友比对待陌生人还要差，却是错的。这说明了，不同的道德标准，虽然各有其是，却有层次高低的不同，有些要求很基本，有些要求较高。

对陌生人以上的关系而言，人权道德未免太过贫乏。这个说法并不是在贬低人权道德，当社群关系失去认受性，或当个人关系破裂时，我们仍然有人权作为仲裁的最终标准，作为最后的保障。社群与人际关系都很美好，当它们发挥作用时，对人类的生活有着重要的价值。但这些关系有时也会失效，在这个时候，人权道德就可以确保事情不会恶化得太严重。[1]

文化价值及人权构想

如果我们在抽象意义上理解人权，即将人权理解为对待人类的最低道德限制，就可以将人权道德视为在不同文化下也可有效应用的最低道德，可以作为建构文化多样性的一个基础。不过，如果我们将"人权"理解为一组有特定内容的权利（例如，财产权、表达自由），那我们就必须小心探讨，究竟特定文化的价值对这组权利的构成有何深远影响。

---

[1] 桑德尔（Michael Sandel，1953）认为正义是必要的（Sandel，1982：183），尽管其本质上仅属补救性质的。（Sandel，1982：169）关系良好的时候，我们无须寻求正义，正义是我们在关系破裂时才会寻求的标准，在这个意义上，正义的本质在于补救（remedial）。

仅以人类这个身份而言,我们可以享有什么权利?① 洛克(Locke, 1960:II. 123)就此提出了三项权利:生命权、自由权、财产权。② 在此之上,美国《独立宣言》还加入了"追求快乐的权利"。③《世界人权宣言》更是列出了几十项特定的权利,包括拥有国籍、同工同酬、享有教育等诸多权利。历史上,人们提出了各式各样的人权。我们应该采用哪一套? 以往提及过的众多特定权利之中,我们应将哪些纳入人权的范畴? 为何我们应将之纳入人权? 为何不能将其他权利也一并纳入?

历史上,人们提出过不同的人权,是因为他们采用了不同的人权构想(conceptions of human rights)。④ 笔者认为,经典自由主义与《世界人权宣言》采用了不同的人权构想。洛克的人权构想建基于"自我拥有权",而《世界人权宣言》之构想乃建基于人的尊严(human dignity)。当代自由主义则采用了另外两个超级价值:自主及平等(equality)。这四

---

① 人权只是基于人的身份而有的一种权利,是人所拥有的众多权利中的一种。权利可以有不同的来源,例如协议(如合约及遗嘱)或身份(如市民或员工的身份),这些人所拥有的权利都不是人权。人权是一种身份权,乃单纯基于人的身份而有的权利。(Donnelly, 1989:9;Mayo, 1967:68)人权为合理对待人类的行为设下了规限,不论其人的性别、肤色、智力及财富。也就是说,人权是人人作为人而拥有的最低限度权利。

② 洛克于《政府论下篇》第25—27节提出了四项权利:存在权(right to preservation)、谋生权(right to means of subsistence)、人身权(right in one's own person)及劳动成果权(right in the product of one's labour)。前两项可以概括为"生存权",但这项权利同时具有消极(免于被剥夺生命)以及积极(获取维生必需物资)的性质。

③ 杰斐逊(Thomas Jefferson,1743—1826)在草拟《独立宣言》时刻意将"追求快乐的权利"取代了"拥有财产的权利"。

④ 与德沃金(Ronald Dworkin)一样,笔者也将"概念"(concept)及"构想"(conception)作了区分(Dworkin, 1977:134 – 136;Dworkin, 1986:71 – 72)。"人权"的概念相当简单,就是一个人因生而为人而享有的权利。我们可以对同一概念有不同的构想,而不同的构想会给予同一概念不同的内容。伯林(Isaiah Berlin,1909—1997)认为,自由的概念只有一个,但"思想史上却有两个自由的构想"(Berlin, 1969:ix)——消极构想及积极构想。笔者于本章中提及的四个人权构想,乃建基于四项核心价值:自我拥有权、人类尊严、自主,以及平等。

个不同的超级价值衍生出不同的人权内容（但也并非迥异），或给予同一权利不同的重要性。采用其中一种人权构想，就意味着将某些价值置于较高地位。至于什么价值更为核心，哪一个人权构想更为有认受性，不同文化中的价值观难免会起到举足轻重的作用。

洛克指出，"每个人都对其自身拥有财产权"。（Locke，1960：II. 27）洛克提倡的三项权利，正是引申自"自我拥有权"。因为我是自身的主人，没有人可以杀害或伤害我。此即生存权。我的身体是我的，所以我可以去想去的地方，只要我不侵害别人的权利，别人就没有理据囚禁我、限制我的言论及行为。此即自由权。因为我的身体是我的，由我劳动所创造的事物也应当属于我所有。此即财产权。这三项基本权利，源自"人是自己的主人"的想法。其生命、自由、拥有物，皆属其财产。故此，洛克有时会将这三者以一名合称："财产"。（Locke，1960：II. 123）故在洛克而言，"财产"（property）一词，实有广狭两义——狭义的"财产"为三权之一；广义的"财产"则为三权之总名。

此人权构想的背后，是一套承载着价值与文化的世界观，以及对人与自然的关系观。按照这个观念，我们可以将整个世界划分为两大类别：人类及资源。人类是拥有者——他们拥有自己，也拥有资源。资源可以从自然挪取、通过自身的劳动转化，以及在人与人之间转移。人类以外的一切，都属于资源。这个人权构想，还代表了一套在特定文化下承载着价值的人性观。人类的本质为拥有者——人乃各自独立的个体、物主。

麦克弗森（C. B. Macpherson，1911—1987）大概是第一个将"自我拥有权"的概念，认定为经典自由主义基本宗旨的学者。他认定的这个出发点为经典自由主义带来了很大的困难：

　　现代自由民主理论的难处比人们所想的还要艰深……原本

17 世纪个人主义的核心难点，在于它的占有性质（possessive quality）。其占有性质，可见于其这个构想：个人本质上是其人或能力的所有者，他们对社会没有任何责任。个人既非一个道德整体，亦非社会整体的一部分，而是其自身的拥有者。（Macpherson，1962：3）

这种人权构想与基督教信仰气味相投。基督教认为世界是上帝为人类创造、供其使用的事物；而资本主义观念则将人类视为拥有财产的个人。难怪马克思会将洛克的人权构想视为现代资本主义的创立理念：

洛克的观点更为重要，因为它是资产阶级社会反对封建社会权利观念的经典表述，此外，他的理念是后来整个英国政治经济学中所有思想的基础。（Marx，1951）

同样，马克思批评了 1793 年法国《人权宣言》中体现的人权构想：

所谓的人权有别于公民权，乃是公民社会成员的权利，即自私利己者，与社会及他人分离的人。（Marx，1987：145）

然而，《世界人权宣言》并非基于"自我拥有权"的构想。《世界人权宣言》开篇即主张，人类家庭所有成员的"固有尊严"（inherent dignity）以及"平等而不可剥夺的权利"，是"世界自由、正义及和平的基础"。然后在第 1 条中，该宣言先提出："人人生而自由，在尊严和权利上一律平等"，再列出众多权利。此宣言的观点，似乎是人的"固有尊严"可以衍生各种特定权利。

在《经济、社会及文化权利国际公约》与《公民权利和政治权利国际公约》的序言中，都明确指出人权"源于人的固有尊严"。

衍生或建基于人类尊严的权利，与衍生或建基于自我拥有权的权利，两者会有相当大的差异。只要接受人类尊严的构想，就可以顺理成章地证成人有权利追求有尊严的生活，或最低度的像样的生活（minimally decent life）。（Donnelly，1989：17－19；Nickel，1987：51）

因此，即使在西方的主流人权论述中，也有着以不同价值观为核心及基础的各种人权构想。自我拥有权和人类尊严的价值观不是文化中立的、不是跨文化的。例如，人权的人类尊严构想，有可能比自我拥有权或自主构想更容易被伊斯兰及中国等东方文化所接纳。

除了人权的自我拥有权构想及人类尊严构想，西方学者还提出了至少两个足以作为人权基础的超级价值：自主与平等。自主构想（autonomy conception）将尊重人的自主视为人权的基础。（Raz，1986；Ingram，1994）与自我所有权构想共通的是，自主构想也将人应该作为自己的主人、撰写自己的人生视为理想。相对而言，自主构想似乎可以更好地实现这些目标。要真正地掌控自己的人生，我们就不能只拥有自己而没有身外之物，亦不能孤立无援。自主必须有一些先决条件。（Raz，1986：373，408；Nino，1991：145－147；Ingram，1994：158－159）

德沃金视平等为超级价值（Dworkin，1977），罗尔斯在某种程度上也持相同看法（Rawls，1972）。德沃金认为人只有一项绝对的权利，就是平等考虑的权利。而财产权、表达自由之类的特定权利并非绝对不可侵犯。

以上的所有对人权的构想，都可以轻易衍生出普遍被视为公民权利及政治权利的人权。至于社会及经济权利或文化权利，并不是由所有的人权构想都可以推导出来(例如,说人有固有尊严,由此而说人有经济权利可谓顺理成章,但说人是自己的主人,并不意味着其他人有援助他的责任)。这也解释了为何公民权利及政治权利属于人权中没有什么争议的部分,而其他类别的权利则有更大的争议性。那是因为,不同的构想对这些权利的支持程度并不一致。

由于不同的构想对特定权利的支持程度不一,不同的文化价值观也各有其偏好的构想,因此,文化价值观也会影响人权的实际内容。不同的文化可能会有很不一样的价值观,这些价值观支持不同的人权构想。不同的人权构想,则可以支持不同的特定人权。

在上面,我们考虑过四种人权构想,分别基于四种不同的超级价值:自我拥有权、人类尊严、平等及自主。尽管合理的人权构想不止一个,而不同的人权构想可以为不同的个别权利提供理据,但这并不代表涵盖什么个别权利是任意的一回事。无论采用哪一种构想,有一些做法总会被视为侵害人权。另一方面,将人权的标准说成是单一的,乃相当有误导性。不同的人权构想,何者更为优越可取,仍是有待辩论的。不过,具备道德理据的人权构想不止一种,而文化价值观也可能会令我们较为支持某种构想。例如,西方文化可能会认为自我拥有权与自主更加吸引及有说服力,而某些东方文化或与人类尊严,甚至是平等的概念更为相投。

结论

道德标准有着低限(minimal)及高限(maximal)两部分。主张世上存在一套普遍的最低限度的道德标准,并不表示文化价值对塑造道德的其他部分没有作用。

　　人权的普遍性，可与不同文化中的各种道德价值观相容。人类道德的某一部分比较普遍，另一部分则较为多样化。正如沃尔泽指出的，人类社会中的道德标准同时具有普遍性及特殊性："因为是人类，所以普遍；因为是社会，所以特殊。"(Walzer，1994：8)

　　最低限度的道德标准，可以体现于人权的论述。但我们今天所理解的人权，某种程度上也是由文化价值塑造而成的。人们对人权有不同的理解，是因为我们的理解建基于不同的人权构想。不同的人权构想以不同的超级价值为前提，这些价值在不同社会中的地位各有所异。例如，一个社会的基本价值可以是"个体独立"，而另一个社会的基本价值却可以是"人际关系"。

　　抽象地理解人权，意味着我们对待其他人类有最低限度的道德要求。在抽象的层面而言，人权理应是普世的。但当我们今天谈及人权，每每指的是一系列应该为人所有的权利项目。特定的人权构想会产生特定的人权项目，而特定的人权构想承载着特定的超级价值。在不同的社会里，这些超级价值受重视的程度也有着差别。因此，在考虑某项或某组权利时，我们应该更加谨慎，以及保持开明的心态。我们有必要作进一步的审查和反思，并保留更改或修订现有人权的具体内容的可能性。我们需要的是理性论证以及跨文化的对话。

参考书目

Abdullahi Ahmed An-Na'im（ed.），*Human Rights in Cross-cultural Perspectives: A Quest for Consensus*，Philadelphia：University of Pennsylvania Press，1992.

Attracta Ingram，*A Political Theory of Rights*，Oxford：Clarendon Press，1994.

Bernard Mayo, "What are Human Rights?", in D. D. Raphael (ed.), *Political Theory and the Rights of Man*, London: Macmillan, 1967.

C. B. Macpherson, *The Political Theory of Possessive Individualism: Hobbes to Locke*, Oxford: Oxford University Press, 1962.

Carlos Santiago Nino, *The Ethics of Human Rights*, Oxford: Clarendon Press, 1991.

D. C. Lau (tr.), *Mencius*, Hong Kong: The Chinese University Press, 1984.

D. C. Lau (tr.), *The Analects*, Harmondsworth: Penguin Books, 1979.

Francis Fukuyama, *Our Posthuman Future: Consequences of the Biotechnology Revolution*, New York: Farrar, Straus and Giroux, 2002.

G. A. Cohen, "Self-ownership, World-ownership, and Equality", in Frank S. Lucash (ed.), *Justice and Equality Here and Now*, Ithaca: Cornell University Press, 1986.

Isaiah Berlin, *Four Essays on Liberty*, Oxford: Oxford University Press, 1969.

Jack Donnelly, *Universal Human Rights in Theory and Practice*, Ithaca: Cornell University Press, 1989.

James W. Nickel, *Making Sense of Human Rights*, Berkeley: University of California Press, 1987.

Joanne R. Bauer and Daniel A. Bell (eds.), *The East Asian Challenge for Human Rights*, Cambridge: Cambridge University Press,

1999.

Joel Feinberg, "The Nature and Value of Rights", *The Journal of Value Inquiry*, Vol. 4 (1970), pp. 243 – 257.

John Locke, *Two Treatises of Government*, ed. Peter Laslett, Cambridge: Cambridge University Press, 1960.

John Rawls, *A Theory of Justice*, Oxford: Oxford University Press, 1972.

Karl Marx, *Theories of Surplus Value*, London: Lawrence and Wishart, 1951.

Karl Marx, "On the Jewish Questions", reprinted in Jeremy Waldron (ed.), *Nonsense Upon Stilts: Bentham, Burke and Marx on the Rights of Man*, London: Methuen, 1987.

Lynda S. Bell, Andrew Nathan, and Han Peleg (eds.), *Negotiating Culture and Human Rights*, New York: Columbia University Press, 2001.

Mary Ann Glendon, *Rights Talk: The Impoverishment of Political Discourse*, New York: The Free Press, 1991.

Michael Sandel, *Liberalism and the Limits of Justice*, Cambridge: Cambridge University Press, 1982.

Michael Walzer, *Thick and Thin: Moral Argument at Home and Abroad*, Notre Dame: University of Notre Dame, 1994.

Rein Müllerson, *Human Rights Diplomacy*, London: Routledge, 1997.

Robert Nozick, *Anarchy, State, and Utopia*, Oxford: Basil Blackwell, 1974.

Ronald Dworkin, *Law's Empire*, London: Fontana Press, 1986.

Ronald Dworkin, *Taking Rights Seriously*, London: Duckworth, 1977.

Sissela Bok, *Common Values*, Columbia: University of Missouri, 2002.

Susan Mendus, "Human Rights in Political Theory", in David Beetham (ed.), *Politics and Human Rights*, Oxford: Blackwell, 1995.

W. D. Ross, *The Right and the Good*, Oxford: Oxford University Press, 1930.

Yu Kam Por, "Chinese Rhetoric on Human Rights", *Hong Kong Public Administration*, Vol. 4, No. 1, March, 1995, pp. 111 – 128.

Yu Kam Por, "Self-ownership and Its Implications for Bioethics", in Julia Tao (ed.), *Cross-Cultural Perspectives on the (Im) Possibility of Global Bioethics*, Dordrecht, The Netherlands: Kluwer Academic Publishers, 2002, pp. 197 – 208.

第五章

自我拥有权与生命伦理学

引言

自我拥有权是一个现代的观念。这个观念在现代伦理学的论述中占有一个特殊的地位。它肯定了政治道德的个人主义基础，及个人作为拥有者的性质。在此基础上，它证成了个人的诸种权利与自由，与资本主义的观点十分气味相投。

这种个人主义、资本主义、权利为本的伦理观点可以作为普世生命伦理学（global bioethics）的基础吗？如果这种观点被成功推翻了，是否即否定了生命伦理学的普世有效性？笔者认为，否定以自我拥有权作为伦理学基础，并不意味普世生命伦理学并不可能，但却是意味着要建立一套可取的普世生命伦理学要将目光放得远大一些。

在本章中，我会先解释自我拥有权这个观念，再讨论这个观念对现代人为何会有吸引力及可信性。之后，我会考察自我拥有权作为一个主张在生命伦理学中的意义。一方面，自我拥有权这个主张提供了一个清晰而简易的方法去解决生命伦理学内的纷争；另一方面，自我拥有权这个主张却有一些难以为人接受的理论后果。基于自我拥有权这个主张有不能被接受的理论后果，我们可以检讨自我拥有权这个主张能否成立。本章的最后一部分提出探讨，能否保留自我拥有权论点的合理部分，而避免此论点的不合理部分。

自我拥有权的观念

个人（individual）拥有权利，在现代伦理学（尤其是生命伦理学）的论述之中，这是一个重要而有力的论点。但个人为何有权利？一个很具有影响力的答案是：因为每一个人都是自己的主人。个人作为自己的主人拥有自己，因此，他有权决定自己如何生活。他不是其他人可以动用的资源，也不能把他视为实现更崇高理想的一件工具。个别的个人权利，诸如言论自由、宗教自由、工作自由，都可以由自我拥有权这个核心权利推导出来。

自我拥有权理论意味着人的特质是拥有者（owner），而人权是一种财产权（property right）。侵犯人权相当于侵犯个人的私有财产。伤害他人身体是错的，因为这等于侵犯他的财产，因为他的身体就是他财产的一部分。麦克弗森认为自我拥有权是经典自由主义（classical liberalism）的基本教义："现代自由民主理论的困难比以前人们想到的深远得多。……17世纪个人主义包含着一个核心困难，即它占有性的特质（possessive quality）。这个占有性的特质，在于基本上把个人视为自己个体或能力的拥有者，对于社会丝毫无欠。个人被视为既不是一个道德整体，亦不是社会整体的一部分，而是自己的拥有者。"（MacPherso，1962：3）

自我拥有权的经典论述，见于洛克的《政府二论》（*Two Treatises*

of Government），但此概念可以追溯到霍布斯（Hobbes）以至格劳秀斯（Hugo Grotius，1583—1645）。① 洛克在其经典著作中如此说："每一个人对其自身拥有财产权。"（Locke，1988：287［II. 27］）"所谓财产权指的是人拥有其自身及其财物。"（Locke，1988：383［II.173］）

大抵正由于洛克把人视为作为拥有者的个体（possessive individual），马克思将洛克视为资本主义的哲学家："洛克的观点无比重要，因为它是资产阶级社会权利观念的经典表述，与封建社会的观念截然不同。不但如此，他的哲学是所有后来英国政治经济学的基础。"（Marx，1951）

自我拥有权的主张在今天仍然充满生命力，虽然很多时候人们只是默默假定此主张，而不是公然引用。然而，哲学家之中却不乏这个主张的辩护士。当代的哲学家如诺齐克（Nozick，1974：28-35）、汤姆逊（Thomson，1990）、施蒂纳（Steiner，1994）都可说是认同这个主张的。科恩（G. A. Cohen，1941—2009）这样描述诺齐克的立场："每一个人都是自己的道德上正当的拥有者。他拥有自己，此是他的道德权利，正如奴隶主拥有奴隶一样。"（Cohen，1986：109）

自我拥有权这个观念，指的是每一个人都属于自己，并不是其他人可以动用的资源。只有当事人自己有权决定如何运用自己的生命、身体、自由、能力。这个观念解释了为什么杀人、伤人、拘禁人都是不对的。因为这些行为等同侵犯别人的私有财产——即从他人身上夺走属于他的东西。

从自我拥有权这个观念，洛克可以推出他的三大基本人权，即生存

① 霍布斯亦论及人对自己生命及身体的拥有权："在所有财产之中，对一个人最宝贵的就是其生命及肢体。"（Hobbes，1981：382-383［第三十章］）关于格劳秀斯论人拥有其生命、身体、肢干，参看 Tully，1980：105ff。

权(right to life)、自由权(right to liberty)与财产权(right to property)。
(Locke，1988：285‐288[II. 25，II. 27])由于我是自己的主人，因此我
最少有一件私有财产，即我自己。没有人有资格夺去我的生命，此即我
的生存权。我拥有我的身体，我可以决定身体的去向，其他人不可以拘
禁我，或限制我的言行(只要我没有侵犯他人的权利)，此即我的自由
权。又由于我拥有我的身体，故我利用我的身体，付出劳力，而得到的
任何成果，皆属我所有，此即我的财产权。毫无例外，洛克的三大基本
人权都可以由人是自己的主人此一概念推导出来。在洛克的著作中，
"财产"一词有广狭两义：狭义的"财产"指的是财物，而广义的"财产"
把人身、自由、财物都包括在内。①

　　自我拥有权并不能证成我可以如何对待别人，却可以证成我可以
如何对待自己。每个人都有资格自我决定，即决定自己如何生活及如
何运用自己的身体、自由及资源。这些权利基本上是消极权利
(negative rights)。所谓侵犯他人权利并非忽略了对他人尽责任，例如
没有向他人提供应有的援助，而是没有好好地自行约束——不是没有
做应做的事，而是做了不应做的事。这些与他人权利相对的责任(消极
责任 negative duties)，可称为"自我约束的责任"(duties of restraints)。
(Ingram，1994：219)

　　如果我们接受"拥有权"指的是"拥有者与拥有物有相对应的关系，
即是拥有者对于拥有物有决定权，而这个决定权在社会上是终极的"
(Waldron，1988：56)，那么"自我拥有权"意味着个人过着这样或那样的

---

① 洛克说的"财产"(property)一词，有广狭两义。广义包括三大基本权利，狭义则
　仅指第三项权利。在表达狭义的时候，洛克有时会用"财物"(estate)一词。《政
　府二论》云："人们的生命、自由、财物，我用一个总名(general name)，称之为财
　产。"(下卷，第 123 节。参看卷二，第 85 节)

生活，以个人自己的选择为最高权威，不容其他人以及政府妄加干涉。

自我拥有权的动人之处

自我拥有权的观点，将人视为财产的拥有者（proprietor）。在此观点下，人在世界上有特殊的地位。世界上的东西被分为两大类：① 人，即拥有者；② 物，即可以被拥有的资源。有些人比其他人拥有更多的资源，也就是贫富不平等；但就每一个人只可以拥有自己而不可以拥有其他人而言，却有人格上的平等。每一个拥有者，可以决定如何处置其拥有物。人既是自身的拥有者，如何处置其自身（例如，是否做手术、捐器官），其本人有最后的决定权。这种道德观与个人主义与资本主义的看法，可谓情投意合。

自我拥有权的观念，除了切合个人主义与资本主义之外，更具有多个优点，令此观念对现代人相当有吸引力。

首先，此观念在直观上有相当的合理性。说人是自己的主人，与一般人会接受的一些道德判断，相当吻合，诸如① 人有高于物的道德地位；② 人不是他人可以任意动用的资源；③ 人不应被视为他人的一种工具；④ 让人们各自过自己选择的生活，基本上是道德的应有之义。

其次，此观念实际而不玄虚，极少形而上学的色彩。所谓权利亦毫不神秘玄妙，只不过是说人拥有什么他可以支配的财产罢了。相比其他哲学理论，此主张十分清楚，毫不难明。建基于人的自我拥有权的一套人权理论，并不是一套建基在玄虚的形而上学的理论，其本质不过是一套财产权理论罢了。

再次，此观念对行为提供一个清晰的指导，界定了如何分配权力。"说每一个人是一个自我拥有者（self-owner），就是说控制该人及其活动的权力隶属于该人而不是该人以外的任何人。"(Ingram，1994：26)世界上的每一件东西，不论是人或是物，都由其拥有者去决定如何处置。要解决争端，只需要找出拥有者，再由其定夺就可以了。这是解决争端的一个实用方便而又干净利落的方法。

自我拥有权对生命伦理学的启示

如果自我拥有权的观点能够成立，生命伦理学中很多问题都可以迎刃而解。解决问题的关键在找出谁是权利持有者(right holder)，及找出权利持有者的真正意愿。

我们且审视以下三类属于生命伦理学的问题，看看自我拥有权的原理如何能够应用来解决那些问题：① 终止生命；② 处理怀孕；③ 移植器官。

有些生命伦理学的问题是与终止个人的生命有关的，例如安乐死、医生协助自杀(physician assisted suicide)、中止无效治疗(terminating futile treatment)、预嘱(advance directive)。由于生命是属于病人自己的，要生或要死应由病人自己决定。如果病人是成年人，并且有能力行使有效的判断，那么病人应可行使其权利。生命既是属于他的，决定生命是否延续的权利也是属于他的。

有些生命伦理学的问题是与处理个人身体有关的，例如堕胎、代孕母(surrogate motherhood)。如果一个人不愿意怀孕，其他人是没有权要她继续怀孕的。只要是在她的能力范围之内，她有权决定什么事情可以或不可以在她的身体内发生。至于选择继续怀孕或中止怀孕，完全是她自己的权利。强制她怀孕或堕胎是对她的身体自主权的侵犯。只要双方同意，由他人代孕或为他人做代孕母，只是由当事人对自己的身体——包括其子宫——行使的身体自主权。既然是她自己的身体，只能由她自己去决定。

有些生命伦理学的问题则是与处理个人身体的一些可分割的部分有关的。例如，可以把身体中的血液抽取出来当商品买卖吗？医生可以把手术中从病人身上割走的多余部分，未经病人同意，作为科学研究的材料吗？如果我急需一个肾，向别人高价收购一个，作移植用途，有错吗？如果把自我拥有权当成一个终极原则，事情的对错变成只看当事人自己的决定，只要买者愿买，卖者愿卖，两方面皆你情我愿便可。由于个人拥有自己的器官，出售器官是得益还是受害，只能以权利拥有者的决定为准。拥有器官的人有权决定器官的去向。

自我拥有权意味着对自己身体的拥有权（right to one's own body）。（Locke，1988：287[II. 27]；Thomson，1990：225）如果每一个人有支配自己身体的绝对权利，器官买卖是否正当，端视乎身体的拥有者如何行使其权利。

自我拥有权的过分之处

从上面的讨论，我们可以看出自我拥有权作为一个道德原理可以为不少生命伦理学的难题提供清楚而快捷的解决方案。但我们为此而付出的代价却是不轻的。如果我们接受自我拥有权原则对上面诸问题的答案，我们亦要同时承受此原则的其他难以为人接受的逻辑后果。

按照自我拥有权原则，人们不但可以同意死后尸体器官的捐献或出售，亦可以在生前售卖自己的器官图利。不但可以买卖器官作移植用途，甚至买卖人体器官食用或赏玩，在道德上亦无可议之处。如果自我拥有权被接纳为一个终极的道德原则，那么只容许私人之间交易尸体器官作移植用途，而禁止作其他的用途，在逻辑上是毫无道理的。

同样道理，自我拥有权这个原则，不但可以用来支持安乐死，亦可以用来支持各种形式的协助他人自杀。对于一个处于末期病患阶段而又深受病情折磨的病人，他有权决定自己的生命是否值得延续，是否应采取主动完结生命，从而终止其苦困。但根据同样的理论，任何形式的自杀也是合理的。如果人的生命是属于自己的，为何要再加上其他条件，诸如必须患病、必须无药可救、必须病入膏肓、必须生无可恋、必须感到痛苦，才可以让其行使处置自己生死的权利？既然是自己的权利，纵使在他人眼中属于不智，亦无不得行使其权利的理由。拥有破瓶的人固然有权将之抛弃，但纵使瓶子丝毫无损，甚至价值连城，又有何理由限制瓶子主人行使其权利而将瓶子抛弃？如果权利拥有者有权决定，选择死亡的权利不应只限于有严重疾病的人。

从上面的讨论可以看到自我拥有权这个主张带来的问题比它所能解决的问题还要多。我们要么把这个主张与它的荒谬结论一并接受，要么就在否定这个主张的逻辑后果的同时一并否定这个主张。

自我拥有权的不足之处

在上文中，笔者论证了自我拥有权是一个过分的主张——它将过多的权利赋予个人。在下面，我会论证自我拥有权是一个不足的主张——它承认的个人权利实在太少了。

首先，自我拥有权作为一个原则，在政治伦理学上严重不足，因为应用此原则会带来不公义。如果一个社会上的人，要为生存而出卖自己，这个社会是不公义的。出卖自己以换取生存，并没有违背自我拥有权的原则，却明显地违背公义，可见自我拥有权并不能作为一个充分的

公义原则。(Ingram，1994：38)

其次，自我拥有权的吸引力其实相当有限，除非一个人的生存需要已得到满足，并且能行使及发展自身的能力。要满足需要又能行使及发展自身的能力，便有待得到生存及发展的物质条件。因此，自我拥有权只足以拒绝别人加于我的干预，如果没有更多的权利去分享物资（例如，获取医疗服务），则所谓自我拥有权的功用十分有限。

最后，自我拥有权并不能充分表达人是自己人生的主人的观念。一般人之所以被自我拥有这个观念吸引，原因可能是误把自我拥有当成自我主宰(self-mastery)。其实自我拥有并不构成自我主宰。一个得不到任何医疗照顾的病人可能仍算是自我拥有，但肯定不是自我主宰其人生。这说明了自我拥有并不足以达到自我主宰。

自我拥有权这个观念的吸引力主要来自自我主宰或自主性的联系，而这些观念对于现代人是有吸引力的。但自我主宰或自主性说的是自己是自己的主宰，而不是自己拥有自己。一个只是拥有自己的人并不真的能成为支配自己生活的主人。

自我拥有权只是意味着我们不受我以外之其他人支配，并不表示我们真能建造自己的生活。如果我的生存需要不能得到满足，我的潜质不能发挥，欠缺相关的信息，或根本没有好好地发展我的思考及判断能力，我仍可说是拥有自己，但却不能说是主宰了自己的生活。然而，如果自我拥有并不构成自我主宰，那么自我拥有权并不是一个很有吸引力的观念。如果我只是拥有自己，却没有权利得到任何身外之物，这个自我拥有权又能让我有什么作为？由此可见，个人是自己主人的观念，并不可以通过人的自我拥有权这个观念表达出来。(Ingram，1994：第2.6节)

与自我拥有的观念不同，自主性可引申出积极(positive rights)与

消极两方面的权利。要实现积极权利,需要的远远超过不受干预(Raz,
1986:373,408;Nino,1991:145-147;Ingram,1994:148-159),有数
个条件必须先得到满足。

第一,要过自主的生活,必须有能力成为自己生活的决定人,这先
要有途径获取生活必需的物质资源。如果一个人连必需的维生资源也
欠缺,他很可能要勉强自己作出非真正意愿的选择。要令社会上的人
能过自主的生活,社会上有必要根据卢梭(Jean-Jacques Rousseau,
1712—1778)的原则去建立社会上的财富分配制度:"在拥有财富而言,
没有公民可以富有得足以购买另一个人,亦没有公民可以穷得要被迫
出卖自己。"(Rousseau,1968:96[卷二,第11章])

第二,要过自主的生活,必先具备相当的智能及体能。如果连基本
的教育都没有,就很可能为他人所误导。由于过自主生活的人要为未
来打算,亦要能执行自己订下的计划,他必须具备这些筹划及执行的能
力。基于这个原因,由人有自主权可引申出人有诸如接受教育及得到
医疗的权利。

第三,要让社会上的人过自主的生活,社会必须是一个多元化社
会。如果社会上只可以有一种文化、一种宗教、一种舆论,社会上的个
人并不可以有真正有意义的选择的机会。基于这个原因,政府可以作
出若干干预,以保证社会上真有一系列有实质意义的选择。例如,遏止
在新闻及传播事业上的垄断。值得注意的是,这里说的政府干预的角
色,并不是刻意提倡某个选项,而是确保有足够的有实质意义的选项
存在。

自我拥有权在道德直觉上似乎有理,原因在于人们把它当成人是
自己的主人的意思。这个意思其实通过自主性的观念,可以得到更为
充分的表达。能够主宰自己的生活是人作为人的一个重要价值。要主

宰自己的生活，并不只是自己生命或身体的拥有者。而主宰自己的生活，也不一定要将自己的生命或身体当成私有财产般拥有。循着以上的思路，我们似乎可以用自主性去取代自我拥有权作为一个理想或价值。

不建基于自我拥有权的人权观

如果我们不接受自我拥有权作为人权理论的基础，最少有以下三条出路：① 可以降低自我拥有权的强度，做到保持自我拥有权的核心涵义，却避开其荒谬的理论后果。② 否定将人的本质视为财产拥有者的人性观，及将财产拥有者的意向视为解决道德难题方法的伦理观，但仍然坚持个人有自主性及不容侵犯的人权。③ 从根本上否定以个人权利为起点的伦理学进路。

我认为第三个做法太极端，第二个做法较可取，但以下先检讨第一个进路。

承认人有自我拥有权，并不等于要承认人有绝对的自我拥有权。只要对人的自我拥有权作出一些限制或规范，可以避免此理论出现荒谬的逻辑后果。如果我们接受康德的看法，人不但对别人有责任，对自己也有责任（Kant，1948；Kant，1980：116 - 125；Chadwick，1991），那么人拥有自己，并不意味着人可以对自己做任何事，例如自杀或自残。然而，在伦理学上，是否有对自己的责任（duties to oneself），其争议性并不下于人是否有自我拥有权这个论题。我并不打算在本章中进一步探讨这个问题，只在此提出这亦是一个解决自我拥有权理论遇到的困难的一条出路。

我们亦可以重新解释自我拥有权，令此理论较为温和可取。也就是调整自我拥有权的解释，以避开那些难以接受的理论后果，令整个理论较合乎人们的道德直觉，而理论所支持的行为或政策也较合情合用。问题是：在什么意义之下可说人拥有自己，但又不可以对自己任意处置？

事实上，这正是洛克本身的观点。洛克认为人是自己的拥有者，但并不可以任意处置自己。例如，人不可以自杀，亦不可以将自己售卖予他人为奴隶。如果我又不可以这样，又不可以那样，我还算是拥有者吗？如果我拥有一本书，我不是有自由售卖予他人，或无条件赠送他人吗？就算我把它当成垃圾抛弃或给猫狗做玩具，不也是行使我作为拥有者的权利吗？纵使他人不满我的行为，他们亦无权干涉。

洛克的解决方法是这样的——他把"财产"作出以下的定义："其性质在于：没有物主同意，不能将之夺去。"（Locke，1988：395［II. 193]）照洛克的说法，拥有权意味着排他权（right to exclude），并不意味着任意处置的权利（right to arbitrary use）。

拥有权不一定意味着任意处置的权利。拥有一幢历史建筑物或一件艺术杰作，并不一定表示有权可以将之毁灭。你的拥有权表示你有权利去排斥他人进入该建筑物或将艺术品的拥有权转移给他人，这已说明了你是唯一的主人。这种拥有权体现为排他权，而不是任意处置的权利。

同样道理，自我拥有权可被视为一种排他权，即排斥他人主宰你的身体，而不是指你可以任意处置自己的身体。因此，纵使接纳自我拥有权，并不表示人有权随时按自己的意愿终结生命，或为了赚钱而出售器官。如此一来，自我拥有权的提法可以被保留下来，但对被推导出来的结论如医生协助自杀或器官买卖却不必接受。

简单来说，将自我拥有权理论作较合理的解释，从而避免难以为人接受的逻辑后果，并非一个不可行的办法。除此之外，有一个较激进的做法，就是根本抛弃自我拥有权这个观念。而这个做法正是当代自由主义的做法。

当代的自由主义，并不同于经典的自由主义，根本不采取自我拥有这个论题。个人权利可由其他基本概念，诸如平等或自主，而不由自我拥有而推导出来。德沃金认为众人平等，应得平等考虑，包括平等关怀（equal concern）与平等尊重（equal respect）。（Dworkin，1978；Dworkin，1977）以此平等考虑为基础可以为一系列个人权利提供有力支持，无须假定人是财产拥有者这个身份。拉兹（Joseph Raz）则从人之自主性出发，而从自主性推导出各项个人权利。（Raz，1986：第14章）

总结而言，自我拥有权是一个有说服力与吸引力的主张，不可轻易地将之完全抛弃，除非我们有更好的代替品。照本章的讨论，我们似乎真的有更好的代替品。

参考书目

Chadwick，R. F.（1991）. The market for bodily parts: Kant and the duties to oneself. In: B. Almond & D. Hill（Eds.），*Applied Philosophy: Morals and Metaphysics in Contemporary Debate*（pp.288 - 298）. London: Routledge.

Cohen，G. A.（1986）. Self-ownership, world-ownership, and equality. In: F. S. Lucash（Ed.），*Justice and Equality Here and Now*（pp.108 - 135）. Ithaca: Cornell University Press.

Cohen，G. A.（1995）. *Self-ownership，Freedom，and Equality*. Cambridge: Cambridge University Press.

Dworkin, R. (1977). *Taking Rights Seriously*. London: Duckworth.

Dworkin, R. (1978). Liberalism. In: S. Hampshire (Ed.), *Public and Private Morality* (pp. 113 - 143). Cambridge: Cambridge University Press.

Hobbes, T. (1997). *Leviathan*. C. B. Macpherson (Ed.). Harmondsworth: Penguin Books.

Hyde, A. (1997). *Bodies of Law*. Princeton: Princeton University Press.

Ingram, A. (1994). *A Political Theory of Rights*. Oxford: Clarendon Press.

Kant, I. (1948). *Groundwork of the Metaphysic of Morals (The Moral Law)*. H. J. Paton (Tr.). London: Hutchinson.

Kant, I. (1980). *Lectures on Ethics*. L. Infeld (Tr.). Indianapolis: Hackett Publishing Company.

Kimbrell, A. (1993). *The Human Body Shop: The Engineering and Marketing of Life*. New York: Harper Collins.

Locke, J. (1988). *Two Treatises of Government*. P. Laslett (Ed.). Cambridge: Cambridge University Press.

Macpherson, C. B. (1962). *The Political Theory of Possessive Individualism: Hobbes to Locke*. Oxford: Oxford University Press.

Marx, K. (1951). *Theories of Surplus Value*. London: Lawrence and Wishart.

Nino, C. S. (1993). *The Ethics of Human Rights*. Oxford: Clarendon Press.

Nozick，R. (1974). *Anarchy，State，and Utopia*. Oxford：Basil Blackwell.

Raz，J. (1986). *The Morality of Freedom*. Oxford：Clarendon Press.

Rousseau，J. (1968). *The Social Contract*. M. Cranston (Tr.). Harmondsworth：Penguin Books.

Steiner，H. (1994). *An Essay on Rights*. Oxford：Blackwell.

Thomson，J. J. (1990). *The Realms of Rights*. Cambridge：Harvard University Press.

Tully，J. (1980). *A Discourse on Property: John Locke and his Adversaries*. Cambridge：Cambridge University Press.

Waldron，J. (1988). *The Right to Private Property*. Oxford：Clarendon Press.

第六章

亚洲价值观与生命伦理学

引言

近年有一种观点，认为主要在西方发展出来的伦理学，与亚洲人的价值观其实多有不符，并不足以作为普世有效的伦理学。更有进而主张根据亚洲人的价值观，建立可与西方主流观点分庭抗礼的另一套伦理学，以适用于亚洲人社会。

在本章中，我将探讨所谓亚洲价值观到底有什么内容，是否可算是真正的亚洲价值，在哲学上又是否能言之成理。我将检讨质疑此说的理由，并且研究此说法是否能加以改善，令此观点更能言之成理。最后，我将探讨以个人权利为基础的生命伦理学的局限，及考究社会及文化价值在生命伦理学中的应有位置。

亚洲价值观是什么？

亚洲价值观的提法，只有很短的历史，大抵起于 20 世纪 90 年代。

1993 年，正值各国代表在维也纳聚集讨论普世人权的前夕，一些亚洲国家的政府代表先在泰国曼谷进行一场会议，讨论亚洲的人权观，并发表《曼谷人权宣言》。亚洲价值观随着亚洲人权观而为世人所知，可以说是肇始于这个时候。此后"亚洲价值观"的提法，突然成为一时热话。

正当"亚洲价值观"成为一时话题时，有传媒向研究亚洲文化（包括中国、日本、韩国、印度）超过 50 年的著名学者狄培理（Wm. Theodore de Bary，1919—2017）询问，征求他对"亚洲价值观"的意见，但他瞠目不知所对，原因是他从来没有听到过这个提法，可考文献中绝无这个观念。亚洲人也从来没有自觉有一种共同的价值观存在于亚洲人之中，因此，这种提法很有可能只是应政治需要而建构出来的产物。（de Bary，1998：1）

"亚洲价值观"的提法，相对于"西方价值观"。而所谓"西方价值"，指的其实是"自由主义价值"（liberal values）。其实，将那些价值说成"西方价值"是颇为误导的。如果我们研究维多利亚女王时期（1837—1901）的英国，我们可能会发现当时的价值观更接近人们所说的"亚洲价值"，而与现时人们心目中的"西方价值"大相径庭。更甚的是，在讨论"亚洲价值"的时候，将之与"西方价值"对立起来，在方法学上是很有问题的。这种进路并不是从亚洲身上看亚洲，而是把亚洲视为西方的他者（other），通过与西方的反差去理解亚洲。这种看法先把"自由主义价值"当成"西方价值"，再通过与"西方价值"的反差去界定"亚洲价值"。如此一来，"亚洲价值"就成了"反自由主义价值"（non-liberal values）。这个思考问题的进路并不能为"亚洲价值"的独特性与复杂性还一个公道。

所谓"西方价值"包括的项目，可追溯至新加坡领导人提出的一个"共同价值观"（shared values）的清单。1991 年在新加坡草拟了《共同价值观白皮书》(*White Paper on Shared Values*)及在 1992 年 1 月的提案。(White Paper，1991：1；Chua，1995：32)正如一些学者留意到，所谓"共同价值观"被新加坡采用为一种国家策略，以对抗渐具威胁性的个人主义。(Chua，1995：31,187)

在这个白皮书初稿中，并列出四个价值：① 社会高于个人(place society above the self)；② 家庭为社会之本(upholding the family as the basic building block of society)；③ 共识而非抗争为解决重大问题之法(resolving major issues through consensus instead of contentions)；④ 强调种族及宗教之共融及和谐(stressing racial and religious tolerance and harmony)。

其后，此清单经过两次大的修改。首先，新加坡是多元社会，包含不同种族及宗教社群，应将国家置于社群之上。因此，第一项价值被修改为"国家先于社群，社会高于个人"(nation before community and society above self)。其次，原本的清单强调个人的责任而非权利，故有需要增加对个人福祉的重视，以得到更好的平衡。于是加入第五个价值，即"对个人给予重视及社群支持"(regard and community support for the individual)。如此一来，最后的定稿有五大价值：① 国家先于社群，社会高于个人；② 家庭为社会之本；③ 共识而非抗争为解决重大问题之法；④ 强调种族及宗教之共融及和谐；⑤ 对个人给予重视及社群支持。

马来西亚总理马哈蒂尔(Mahathir Mohamad，1925—)提出的亚洲价值观，亦是相当清晰而有系统，包括以下各项：① 社群及家庭之重要性(对家庭及社群尽责任比考虑个人利益更为优先)；② 对威权的尊重(威权可以保证整个社会的安全)；③ 强调勤奋对于追求进步及和谐对于全球经济的重要性。(Mahathir，1999)

所谓"亚洲价值"真的是亚洲价值吗？

亚洲价值是否如以上所言，与西方的自由价值背道而驰？以上的观点，其实只是一些亚洲国家的官方言论，在多大程度上可以公正地及如实地表达普遍的亚洲人的价值观？亚洲一些国家的领导人有其自己的特殊立场及利益所在，不能直接地或简单地把他们视为亚洲人的代言人。亚洲政府之所以认为威权管治胜于民主体制，可能只是由于他们想继续自己的威权管治。（Aung San，1995：167）而他们将亚洲视为一个整体，建构出一个亚洲身份，可能只是为了与西方国家周旋的时候有更大的议价及论述能力。

然而，在亚洲国家提出亚洲价值观的同时，亚洲的非政府组织（non-governmental organizations / NGO）提出了很不同的看法。1993年，亚洲各地超过 100 个非政府组织云集于曼谷，共同发表了《曼谷NGO 人权宣言》，宣称："一种权利不可以被另一种权利替代"，意思是说：政治权利与经济权利同样重要，不可以为了后者而压抑前者。《曼谷 NGO 人权宣言》重申人权的普世有效性。

另一个不容忽视的事实，是亚洲其实有极大的多样性。亚洲幅员辽阔，人口有数十亿，种族、语言、宗教大有不同。亚洲威权主义，只在一些国家如马来西亚、新加坡存在，而其他地方，如日本、韩国，皆不认同这种威权主义（Friedman，1999：65）。亚洲亦没有一套行于各地的价值体系（儒教、佛教、伊斯兰教、印度教等可谓各言其是、五光十色）。同是亚洲国家，日本与缅甸之间的差异可能不下于亚洲与西方的差异。正如一位学者在 2000 年时指出："34 亿不同种族、语言、宗教的亚洲人，其实都有着一套共同的信念，与 10 亿欧洲人和美国人截然不同，是

难以令人置信的。"(Sim，2000：546)

　　有趣的是——所谓"亚洲价值"竟然与 20 世纪 80 年代非洲人说的"非洲价值"十分类似。两者的重点都是否定个人主义。从不同的非洲作者及非洲政府关于这个论题的讨论，可以总结出非洲价值与西方价值有以下几点重大差异：① 社群主义与个人主义的不同方向：人并不是一个独立的个体，而是由社群来界定。职是之故，个人权利并不是神圣不可侵犯的。最少在社群利益清楚明白的时候，社群利益应放在个人利益之上。② 寻求共识与各自竞争：社会上的决定应通过协商而非竞争达致。故此，不必对诸如言论自由与定期选举等权利太过认真。③ 盈余分配与个人财富：每个人的最基本需要应得到保障。因此，保障基本需要比尊重私有产权更为优先，私有产权并非不可侵犯。（Howard，1986：13 - 20）

　　由于所谓"亚洲价值"竟然与"非洲价值"如此相似，叫人不禁怀疑所谓"亚洲价值"究竟是否真正的亚洲价值，甚至怀疑是否真的有亚洲价值。

　　以上对比的与其说是西方价值与亚洲价值或非洲价值的差异，不如说是社群主义价值与个人主义价值的差异。社群主义与个人主义的争论，其实在西方亦存在。社群主义于 20 世纪八九十年代在西方冒起，对个人主义作出批评，其实是西方哲学发展中的一个自我批判。（Kymlicka，1989；Avineri and de-Ahalit，1992）将这种近年在西方的争论，说成西方与亚洲的分别，似乎就比较牵强了。

从社会调查看亚洲价值

　　以下的两个问题有必要被区分开来：① 有没有亚洲价值？ ② 亚

洲价值是否即若干亚洲国家政府所指的那些价值？

纵使亚洲政府所认知或描述中的亚洲价值有所偏差或受其政治议题所主导，并不表示关于"亚洲价值"的讨论就一定是一无是处。另一个较为可靠的途径是通过调查亚洲人的信念及行为及将之与其他地区的人士比较研究，去了解亚洲人的价值观是否有一些特点及是否与西方的价值观有所不同。亚洲的价值观，虽然并不如若干亚洲国家的领导人所说的与西方价值观截然不同，但如果说是不同文化地域背景的人的价值观在侧重点上有程度上的差异，却是很有可能的。而实际的差异有多大，就要通过调查研究去发现。

其中一个社会调查是希契柯克（David Hitchcock）于 20 世纪 90 年代进行的，对象为东亚地区（包括东亚及东南亚），而对比的对象则为美国。主要询问受访者，在众多个人及社会价值之中，受访者认为何者是"对你的国家至为重要"，"每一个受访者要从十二项个人价值中选取不多于五项，及从十四项社会价值中选取不多于六项"（Hitchcock，1994：21）。结果发现，"亚洲价值与西方的冲突并不如 Huntington 或新加坡学派所说的那样巨大或惊人"（Hitchcock，1994：26），"但价值上的差异肯定存在"（Hitchcock，1994：xii）。

亚洲受访者选出的六个最重要的社会价值是：① 社会安定；② 社会和谐；③ 公职人员接受问责；④ 接受新观念；⑤ 言论自由；⑥ 尊重威权。至于美国受访者，选出的最重要社会价值的首要六位则是：① 言论自由；② 个人自由；③ 个人权利；④ 公开辩论；⑤ 独立思考；⑥ 公职人员接受问责。两者的差别不是南辕北辙，但却有重点及程度的差别。

以上只是一个例子，说明社会调查可以对亚洲价值之说提供怎样的佐证。当然，该调查规模有限，选取样本也不很全面，加上亚洲各地区之复杂性及多样性，难以说是有最后性或权威性的结论。但以上例子，足以说明，所谓"亚洲价值"并不完全是捕风捉影之谈，亚洲价值与西方价值的差异可能在某种程度上能成立。而社会调查的途径，足以在亚洲政府官方喉舌的论述之外提供反映亚洲价值的一个较为可靠之参考指标。

从以上的讨论，我们尚未可下结论，搞清楚亚洲价值观到底是怎么的一回事。但综合各方面的主张，在亚洲各地，社会价值得到更大的重视似乎是一个相当广泛为人所接受的观点。如果在讨论生命伦理学的议题时，将社会价值放在核心考虑的位置，则会对生命伦理学有深远的影响。

亚洲价值观对生命伦理学的意义

主流的生命伦理学将个人权利放在很核心的位置。以比彻姆和邱卓思（Beauchamp and Childress，1979）的四个原则为例，自主、不伤害、利益、公义四个原则构成一个体系，以保障个体的权利及利益。社群价值如果不能兑换为个体价值，则在伦理考虑中没有任何角色。若将社群价值引入生命伦理学的讨论之中，将会引申出不同的结论。

举一个例子，新加坡政府对男女雇员提供有差异的医疗福利。从个人权利的角度来看，这个政策是不合理的；但从社群价值的角度来看，家庭有特殊的地位及价值，应该反映到社会的政策之上。新加坡总理吴作栋为新加坡对男女公务员提供有差异的医疗福利的政策作出辩护，说男女在家庭中有不同的岗位、责任，政府希望"将权利、利益、优惠通过一家之主传达到各家庭成员，使他可以行使其对家庭成员的义务与责任"。（Steiner and Alston，2000：544 - 545）这个政策被认为可以起到巩固家庭的效果。

在社会政策中承认家庭的角色，可以令医疗护理的不同措施得到辩解。在一些亚洲社会，家庭为本的医疗护理决策被视为可以接受，与西方强调病人个人自主有所不同(Cheng et al., 1998)。

强调家庭价值会令一些差别处理变成不是歧视而是有合理的根据。例如，人工受孕并不是对个人全面开放、容许人们自由选择，而是作出限制，视乎对家庭结构的影响。比方说，只容许不育的夫妇接受帮助，甚至只容许丈夫本人的精子与妻子本人的卵子结合，再放回妻子本人的体内孕育。

安乐死的伦理问题在不同社会也可能有截然不同的看法，源于对何谓美好人生有不同的理解。例如，中国人的价值观中，好的死亡是幸福人生的一部分，所谓人生中"五福"就包括善终这一项。长时间的或痛苦的死亡过程被视为是对美好人生的一种破坏。基于这个价值观，选择缩短死亡过程并不是选择死亡，而是追求幸福的人生。

以上的例子说明了社会价值如何可以影响抑或塑造生命伦理学争论中的论据。问题是：社会价值在生命伦理学的讨论中，应占有多重要的位置？笔者的看法是：将社会价值排除在生命伦理学的讨论之外是一个失误，但将生命伦理学的讨论视为只是关乎社会价值是一个更严重的失误。

为生命伦理学建设更坚实的基础

说要为生命伦理学寻求更坚实的基础，并非无的放矢。现时主流的生命伦理学，基本上以个人权利为基础立论，有着不少局限。首先，个人权利是保障个体的有力工具，但却不是保障以至促进社群价值的有力工具。例如,以个人权利为基础的论述,难以说明器官买卖应该全面被禁绝,但从社群利益——例如,人类尊严——立论,则较易得到近于常理或较合民情的结论。其次,个人权利虽然是个好东西,却无助于人类更高层次的目的的实现。正如福山所指出的:"现代人使用的'权利'这个字眼是贫乏的,因为它不能涵盖经典哲学家所昭示的一系列较高的人生目的。"(Fukuyama,2002:108)

在肯定个人权利的重要性之余,我们不得不认真审视来自社群主义(communitarianism)与致善主义(perfectionism)的挑战。如果我们的道德词汇只有与权利相关的字眼,则我们的道德论述是相当贫乏的,不能表达更高层次的人类价值或人生理想。

个人权利的进路是有局限的,但对应的办法并不是放弃人权论述而另辟蹊径,而是扩而充之。对社会价值的重视与促进,在认定行为规范中应有不可否定的角色,但这样说并非肯定威权主义管治。相反地,促进社会价值只可以通过不侵犯个人权利的途径去实现。

将社会或社群价值考虑在内,已经超出了个人权利的进路。这个转变其实不论在亚洲或西方社会,都同样可以进行。正如个人权利的肯定并不限于西方,引进社会价值作为判断基础的一部分,亦不必限于亚洲。

结论

亚洲价值观能否成立,尚待进一步研究。但如果只是强调不同群体会有不同的社会价值,则撇开亚洲价值观,仍要回应社群主义的挑战。在讨论生命伦理学议题时,应考虑所在社会的社会价值。这个主张虽与亚洲价值观貌同实异,但却有相当的道理。

参考书目

Abdullahi Ahmed An-Na'im (ed.), *Human Rights in Cross-cultural Perspectives: A Quest for Consensus*, Philadelphia: University of Pennsylvania Press,1992.

Aung San Suu Kyi, *Freedom from Fear* (Revised Edition), Harmondsworth: Penguin Books, 1995.

Beng-Huat Chua, *Communitarian Ideology and Democracy in Singapore*, London: Routledge, 1995.

Carlos Santiago Nino, *The Ethics of Human Rights*, Oxford: Clarendon Press, 1991.

David Hitchcock, *Asian Values and the United States: How Much Conflict?*, Washington, D. C.: The Center for Strategic and International Studies, 1994.

Edward Friedman,"Asia as a Fount of Universal Human Rights", in Peter Van Ness (ed.), *Debating Human Rights*, London: Routledge, 1999, pp. 56 – 79.

F. Cheng *et al.*,"Critical Care Ethics in Hong Kong: Cross-Cultural Conflicts as East Meets West", *The Journal of Medicine and Philosophy*, 1998, Vol. 23, No.6, pp. 616 – 627.

Francis Fukuyama, *Our Posthuman Future: Consequences of the Biotechnology Revolution*, New York: Farrar, Straus and Giroux, 2002.

H. Tristram Engelhardt, *The Foundations of Bioethics* (Second Edition), New York: Oxford University Press, 1996.

Henry J. Steiner and Philip Alston (eds.), *International Human Rights in Context* (Second Edition), Oxford: Oxford University Press, 2000.

James T. H. Tang (ed.), *Human Rights and International Relations in the Asia-Pacific Region*, London: Pinter, 1995.

Joanne R. Bauer and Daniel A. Bell (eds.), *The East Asian Challenge for Human Rights*, Cambridge: Cambridge University Press, 1999.

Kenneth Christie, "Regime Security and Human Rights in Southeast Asia", in David Beetham (ed.), *Politics and Human Rights*, Oxford: Blackwell, 1995, pp. 204 – 218.

Lynda S. Bell, Andrew J. Nathan, and Han Peleg (eds.), *Negotiating Culture and Human Rights*, New York: Columbia University Press, 2001.

Mary Ann Glendon, *Rights Talk*, New York: The Free Press, 1991.

Michael Sandel, *Liberalism and the Limits of Justice*, Cambridge: Cambridge University Press, 1982.

Mohamad Mahathir, *A New Deal for Asia*, Malaysia: Pelanduk Publications, 1999.

Rhoda Howard, "Is There an African Concept of Human Rights?", in R. J. Vincent (ed.), *Foreign Policy and Human Rights: Issues and Responses*, Cambridge: Cambridge University Press, 1986, pp. 11 – 32.

Richard Falk, "Cultural Foundations for the International Protection of Human Rights", in Abdullahi Ahmed An-Na'im (ed.), *Human*

Rights in Cross-Cultural Perspectives: A Quest for Consensus, Philadelphia: University of Pennsylvania Press,1992, pp. 44 – 64.

Robert D. Goldstein, *Mother-love and Abortion*, Berkeley: University of California Press, 1988.

Samuel P. Huntington, *The Clash of Civilizations and the Remaking of World Order*, New York: Simon & Schuster, 1996.

Shlomo Avineri and Avner de-Shalit (eds.), *Communitarianism and Individualism*, Oxford: Oxford University Press, 1992.

Susan Sim,"Human Rights: Bridging the Gulf", reprinted in Henry J. Steiner and Philip Alston (eds.), *International Human Rights in Context* (Second Edition), Oxford: Oxford University Press, 2000, pp. 545 – 546.

Tom L. Beauchamp and James F. Childress, *Principles of Biomedical Ethics* (Fourth Edition), New York: Oxford University Press, 1994.

Tom L. Beauchamp and James F. Childress, *Principles of Biomedical Ethics*, New York: Oxford University Press, 1979.

Will Kymlicka, *Liberalism, Community, and Culture*, Oxford: Clarendon Press, 1989.

William Korey, *NGOs and the Universal Declaration of Human Rights*, New York: St. Martin's Press, 1998, Chapter 19,"Asian Values" vs. "The Universal Declaration of Human Rights".

Wm. Theodore de Bary, *Asian Values and Human Rights*, Cambridge, MA: Harvard University Press, 1998.

第七章

究天人之际的儒家生命伦理学

引言

近年有一些论述,试图勾画出儒家的生命伦理学。这些论述并非仅从儒家观点评论具体的或个别的生命伦理学问题,而是为应对各种生命伦理问题提供了一个通用的框架。

然而,在重构儒家生命伦理学时,各学者采用的方式不尽相同。例如,李瑞全认为,儒家的生命伦理学之本质是一种以人的仁心为本的普世主义;范瑞平则认为,儒家生命伦理学是一种以家庭观念为核心的社群主义伦理。

李瑞全主张,儒家的生命伦理观点主要建基于"恻隐之心"(Lee,1999:第四章),这种生命伦理学在很大程度上是适用于全人类的。李瑞全提出:

> 从儒家的观点来看,一个人首先是道德共同体的成员……我们的不忍人之心,以及对他人苦难的关心会逼使我们采取行动。

行动的方向为预防、消除及不造成伤害。与此方向相反的行为，即为不道德。（Lee，2002：190）

而范瑞平则认为，儒家生命伦理学的主要特点在于强调家庭及关系。范瑞平提出：

> 根据"仁"的原则，我们应该爱护所有人类，但必须考虑不同类别、先后次序，以及社会角色的相对重要性。在奉行儒家文化的地区，我们应该从家庭做起。"（Fan，1999：21）

依照范瑞平主张，我们理应爱护全人类，但要排先后、作区分及差别对待。

这些论述虽然差异颇大，但也是在重述儒家的一般伦理，并将之应用于生命伦理的课题之上。笔者于本章的做法颇有不同。笔者将直接援引儒家思想中与生命伦理直接相关的主张，从而整理出一套儒家生命伦理学。这个与生命伦理直接相关的主张，就是儒家的天人关系观——界定了天与人的关系及分工，各有其职分、专长及局限。笔者认为，儒家的这一个看法有其特殊的见地，足以丰富生命伦理学方面的讨论，也有助于发展更为完备及平衡的生命伦理学理论。

当然，儒家伦理向来有不同的诠释。即便是对自然与人类的关系，儒家思想中也有着不同甚至对立的见解。儒家理论既有强调"天人合一"的观点，也有强调"天人之际"的观点。本章会讨论为何后者更贴近经典儒学，并更合乎儒家的人文精神。

　　笔者将阐述"自然及人类各有不同职分"的儒家观点。① 人类的智慧极为有限，以我们的构想重塑自然并非可靠的做法；但自然亦非完美，放任自然不以人力干预亦同样不可取。人类的智慧可以辅助自然之工，但无法将之取代。如果干预自然是为了补救事情，而非追求最大效益，那么干预是符合道德的。此观点正是当代生物伦理学辩论的中庸论点，在主张尊重自然与主张利用人智两者之间取得适当的平衡。

天之道与人之道

　　儒家的一个很基本的创见是对"天人之际"的了解，即同时明白到天之相当可靠及不完全可靠，及人的智慧和努力的重要及局限。自然及人力各有其责，亦各有所短。我们不能完全信赖自然，因为自然并没有明确的道德取向。不过我们也不能完全信赖人力，因为人类的能力和智慧有限，即使初衷甚善，且全力以赴，最终也可能事与愿违。②

　　"天人之际"，即天与人之间有其分野，是儒家的一个重要命题。司马迁自述其抱负，为首的便是"究天人之际"。公孙弘形容一个真正的儒者的理想特质，就是"明天人之际，通古今之义"（《史记·儒林列传》；Watson，1993：360）。一方面要清楚分辨自然与人类的分工，不会与天争职，也不会卸责于天。另一方面，真正的儒家既不会因循守旧，也不会追逐潮流，借鉴古人智慧的同时不会固步自封，也能善用当代人的智慧。也就是说，真正的儒家能够融合古今的优秀学说。

① 这个理论的重点在于明白"天人之际"——人要明白自己的局限，但又不可以小看自己；要"敬天"，但又要"补天工之不足"。无过无不及的最恰当关系，就是"与天地参"。
② 人的局限是在物理上的，自然的局限则是在道德上。自然没有明确的道德取向，引导事情靠拢道德，是人类的责任。

这种究天人之际，区分天道与人道的观点，在儒家的经典中也可以得到明确的支持。《易经·系辞》说到天地之道是"鼓万物而不与圣人同忧"。天道虽然能化育万物，但却不会像圣人那样为事情的善恶作出忧虑。此处将天之道与圣人之道作了明确区分，圣人的忧思为天道自然所无。这代表在圣人的眼中，对天道犹有所遗憾。在天地间自然发生的事情，可能会与圣人心中的应有方向相背。

《中庸》亦将"天之道"与"人之道"对比："诚者，天之道也……不勉而中，不思而得。""诚之者，人之道也……择善而固执之者也。"(《中庸》；Chan，1963：107)这里说"人之道"为"择善而固执之者"，即表示道德考虑是人之道的本质。天之道却不会有这种道德考虑，所以遵从天之道的自然发展，不一定符合道德的期望。这里就引申出一个可能性：如果依从天之道的自然发展有违道德期望，也许我们应按照道德期望将之纠正。这也代表于道德层面而言，天之道并非总是可取。

荀子亦说："明天人之分，可谓至人矣。"(《荀子·天论》；Knoblock，1999：535)说的也是天与人之区分。他认为天之道与人之道并不一样，双方各司其职，才能相辅相成。[1]

> 不为而成，不求而得，夫是之谓天职。如是者，虽深，其人不加虑焉；虽大，不加能焉；虽精，不加察焉。夫是之谓不与天争职，天有其时，地有其财，人有其治。夫是之谓能参。（Knoblock，1999：535）

---

[1] 庄子也认同这个观点。《庄子·大宗师》中提及："知天之所为，知人之所为者，至矣。""知人之所为者，以其知之所知，以养其知之所不知。""天与人不相胜，是之谓真人。"此处援引的庄子观点与上述的儒家观点并无二致。

这种讲究"天人之际"或"天人之分"的观点,在先秦儒家学说中相当普遍。令人惊喜的是,新发现的考古材料亦印证了这个解释。出土自郭店楚墓一号墓室的儒家典籍中,有几段描写天人关系的文字,而所有这些文本的观点,皆同意天人有分,而非合一。这些文本一般被认为是孔子之后一两个世代的儒家学者所著。以下面数个段落为例,可以确定儒家持"天人有分"的观点。

有天有人,天人有分。察天人之分,而知所行矣。(李零,2002:86)

知天所为,知人所为,然后知道。(李零,2002:159)

基于天人之分,天道自然与人类智能各有其功能。我们不应指望自然可以取代人类的功能——根据是非判断及利害判断而行事。同时,我们也不应妄想全面拆解天道的运作,揽其职责。[1]

天道的本质

所谓"天之道",究竟是怎么一回事?究竟有何特点?与"人之道"有何具体的分别?即使我们认同天与人各有其责,但如果我们不了解"天之道"的内容,就难以明白怎么才算是"敬天"或尊重自然。笔者认为,综合儒家典籍所言,天地或自然的本质最少有四点:① 没有明确的道德方向;② 有好生之德,赋予生命,喜好生命;③ 非常复杂,深不可测;④ 崇尚多样性。

---

[1] 唐朝的刘禹锡以明白有力的方式分辨天人之别:"天之道在生植,其用在强弱。人之道在法制,其用在是非。"(刘禹锡:《天论》)

儒家思想所理解的宇宙并非纯粹由物质组成，也并非完全漫无目的，而是有着某些倾向或偏好——倾向于令生命出现及繁殖，亦偏好生物多样性。但天道自然不像人类般拥有思想，正如前文所引之《易经·系辞》所言："鼓万物而不与圣人同忧"，并没有将事物引导向道德要求的自觉。所以如果考虑道德层面，天之道并不一定可取。如《中庸》所谓："天地之大也，人犹有所憾焉。"(Legge，1960：392)

不过，天道自然虽无明确的道德方向，也不表示在道德上完全中立的。天道自然赋予生命，且倾向于使生命走向孕育成长而非毁灭——天道自然赐下生命给无数的生物，并助长其发展——从道德的观点看，这是一件好事。所以天道自然其实也有一点点道德方向。如《易经·系辞》所言："生生之谓易。""天地之大德曰生。"(Wilhelm，1989：328)此处视天道自然对生命有利，而非纯然中立或没有任何方向。

天道自然既对生命有特殊的偏好，但其具体内容如何？如何赋予生命？生命又是如何运作的？儒家思想认为这个问题过于复杂，人类所能够知道的只能是片面和部分，因此人类无法完全理解及控制生命。在天道面前人要保持尊敬及谦虚。天道之所以神秘，就是因为它复杂且深不可测。《易经·系辞》所谓"通变之谓事，阴阳不测之谓神"。(Chan，1963：266)《中庸》亦云："天地之道，可壹言而尽也。其为物不贰，则其生物不测。"(Legge，1960：420)这一句话断定了每条生命皆为独一无二，其发展也是千变万化。世上没有完全一样的生命，纵使两个生命在基因上相同，只要外界条件有轻微的差异，即会令往后的发展大不相同。因此，生命以至大自然都是无法充分预计的，人类更断不能妄想能够将之完全控制。

说天道自然不可算是中立，另一个原因是天道自然偏向于生物多样性。所谓"天无不覆，地无不载"①，即各种各样、形态各异、畸怪奇特的生命，都能为天地所包容。又如《中庸》所言："万物并育而不相害，道亦并行而不悖。"此处不是指大自然可以支持生物数量无限制地增长，而是指大自然偏好多样化而非单一化。

人的角色

与天道不同，人道的特点是具备有意识的思考，以及能作出道德判断。天道自然的成就（中间会有失败）不经思考，无需尝试。而人类做事却必须经过思考与尝试，并作出道德判断，决定哪一个取向更为可取或合适。

正如《易经·系辞》有云，天地"鼓万物而不与圣人同忧"，圣人作为人心之典范，其所忧者乃人作为人所应当有的忧虑，而此忧虑不为天地所分担。究竟圣人所忧虑的是何事。圣人忧心的不是自身的际遇好坏，而是对道德目标的追求。孟子对此作出了阐释，他以尧为例，洪水横流的时候，忧的是河道泛滥、禽兽逼人；整治好洪水之后，忧的是五谷不登；到了"五谷熟而民人育"，忧的是"饱食、暖衣、逸居而无教"。（《孟子·滕文公上》；Lau，1984：107）总括来说，就是"忧民之忧""忧民之事"。

徐复观认为，在中国历史上出现忧患意识，代表人类道德意识的觉醒，以及儒家精神的诞生。

> "忧患"与恐怖、绝望的最大不同之点，在于忧患心理的形成，
> 乃是从当事者对吉凶成败的深思熟虑而来的远见；在这种远见中，

---

① 参看《庄子·德充符》："天无不覆，地无不载。"（Watson，1996：67）又见《中庸》："辟如天地之无不持载，无不覆帱。"（Legge，1960：427）

主要展现了吉凶成败与当事者行为的密切关系，及当事者在行为
上所应负的责任。忧患正是由这种责任感来的要以己力突破困难
而尚未突破时的心理状态。所以忧患意识，乃人类精神开始直接
对事物发生责任感的表现，也即是人开始有了人的自觉的表现。
（徐复观，1969：20－21）

　　根据徐复观的分析，忧患并非坏事，忧患实际上反映了一个人对事
态的关心及怀有责任感，同时显示其对自身能力的肯定，以及对自己的
不足的承认。笔者认为，徐复观对忧患的阐释，可以引申为以下五个部
分。第一，对人的能力的自觉。了解到人的能力能影响到事态的发展。
如果自认为无能为力，人固然可以感到失落或难过，但其心态却不是忧
患。只有尚存斡旋空间，且未知成效的时候，人才会感到忧患。第二，
对结果的关怀。如果人相信自己能够影响结果，却不在乎结果如何，那
么他可能会冷静旁观，却不是忧患。因此，忧患也包含关心和着紧。第
三，责任感。因为人关心事态发展的结果，亦认为自己可以影响到结
果，所以觉得自己有责任。第四，努力。既然人有责任感，所以如果什
么都不做，就会在道德上感到不安。人会尝试做其认为应做的事，虽然
不一定会成功，但至少会作出尝试，看看自己是否能够扭转局面。第
五，忧虑。因为人会尝试做其认为正确的事，而且重视结果，但结果如
何尚未可知，那么人在尝试攻克难关的过程之中，就会陷入忧虑或
焦虑。①

――――――――――
① 简而言之，"忧患"是包含以下特点的一种心理状态：① 自觉自己的行动可以影
响事情发展的结果；② 关心事情发展的结果；③ 认为自己有责任；④ 作出努力，
尝试达到想要的结果（或避免不想看到的结果）；⑤ 在事件尘埃落定之前感到忧
虑。（余锦波，2005：504）

徐复观将儒家人文精神(由周文王、武王及周公所开启的传统,并由孔子发扬光大)的发源,理解为忧患意识在中国文化中的出现,是有文献根据的。照《易经·系辞》所说,殷周之际是中华文明发展的一个重要阶段,而这段历史与忧患意识有密切的关系。《易经·系辞》第七章云:"《易》之兴也,其于中古乎?作《易》者,其有忧患乎?"此处提到的"中古",是指哪一个时期?当时发生了什么事?在第十一章,有进一步的解释:"《易》之兴也,其当殷之末世,周之盛德邪?当文王与纣之事邪?"(Wilhelm,1989:352)《周易》之兴,在于殷周之际,而《周易》之兴,其关键在于忧患意识。这个说法,与徐氏提出殷周之际为中国人文精神跃动之时期,而忧患意识为此人文精神之体现的主张,可以互相印证。

既然天地"不与圣人同忧"[1]——忧患只见于人道而不见于天道,而忧患的核心内容包含关心及责任感,我们可以推断出"圣人之道"有着"天之道"所没有的关心及责任感。所以当圣人对天道自然的发展路向有所忧虑,他会尝试进行纠正,而不会袖手旁观。

人类可以作出道德判断,分辨什么是坏的或好的。如果不作干预,可能就会发生悲剧;如果作出干预,或许就能避免悲剧。在这种情况下,对自然的发展事物作出调节或纠正是合乎道理的。正如《易经·系辞》亦提到:"范围天地之化而不过,功成万物而不违。"(Chan,1963:265-266)人的能力虽然有限,但仍可对"天地之化"作出局部调整,亦能对"天地之化"的个别失误作出补救。

儒家的观点既不认为自然的即是好的,亦不认为干预自然一定不好。自然的发展路向或会令人感到忧虑,因此,有责任感的人应该采取

---

[1] 《易经·系辞》第五章。

行动。不过，有责任感的人在行动时应小心谨慎，避免在尝试解决目标问题的时候造成更大的问题。在作出行动时有何准则呢？所谓"智、仁、勇，三者天下之达德也。……好学近乎知，力行近乎仁，知耻近乎勇"。（《中庸》第二十章；Chan，1963：105）行事要基于以下三个方面的考虑：① 知识：尽可能根据现时已有的最好的知识；② 仁爱：对人类幸福的持久关注；③ 谦虚：对自己不足的了解与承认。如此，才能在过于进取与过于保守之间取得平衡。

人不应放弃自身的智能而不用，亦不应对自身的智能有过分的自信。对于自然的奥妙（复杂与难测），既应保持尊重或敬意，但亦不可妄自菲薄，一任自然而不作出干预。既要运用自身智能，亦要了解自身智能的局限与不足。因此，在人类运用自身智能时，只应在知识相当成熟、利益比较明显的情况下，对自然作出低度及局部的干预。否则的话，人类干预自然造成的问题可能比解决的问题还要多。

回头看看人类的往绩，就会发现人类在干预自然方面并不怎么成功。过去纵使是有天灾横祸，人们只是担心一时代或一地区的人的安危，而无须担心人类整体的未来。但时至今日，人类对自然的干预愈来愈多，人们不得不担心地球以后是否仍然适合人类居住。如果我们对自然环境的干预并非如此成功，那么在干预动物与人类基因时就应更加谨慎，因为这些问题更为复杂，而且有可能造成更加深远及无可挽回的后果。如拉姆齐（Paul Ramsey，1913—1988）所言：

> 人类并没有表现出有足够的智慧控制及重塑其自然环境。很难相信，只要再加上这个或那个大型的设计，以往对环境造成损害的愚行，就会突然表现出突飞猛进的智慧。……大概没有一个人类个体或群体能拥有如此智慧，以这种方式统治未来。（Ramsey，1970：96）

另一方面,我们在干预自然时,也应注意避免减少自然中的多样性。儒家思想认为"和谐"非常重要,但我们不能将之与一致性混淆。一致性是多样性的相反,但多样性却是和谐的基础。正如《国语》所说:"夫和实生物,同则不继。以他平他谓之和,故能丰长而物归之。若以同裨同,尽乃弃矣。"(《国语》第十六章)理想的世界并不是只有最优秀的分子,而是各适其适,各得其所。如果我们控制植物、动物或人类的基因,以产出我们认为最好的植物、动物或人类,就可能会牺牲自然中的多样性。由于这样会导致单一化而非和谐,所以也被视为一种不当的行为。

有关干预自然的问题,还可以提出两个论点。第一,保护自然并非终极的价值。相较于纯粹保存,循序演化更为可取。《中庸》所谓:"小德川流,大德敦化。"(Legge,1960:427-428)保育事物使之如川流之不息,是为小德;因势利导使之更演化向荣,是为大德。第二,在调节或纠正事物发展时,不应改变事物之本质将之重新按新的蓝图改造,而是令事物能更好地体现其本性。《中庸》所谓:"能尽物之性,则可以赞天地之化育。"(Legge,1960:416)此论点的主旨,是人力之于天工,只能是辅助性质,"赞天地之化育","补天工之不足"而不能取而代之。在"赞天地之化育"时,亦只能令未尽物性者得以尽其性,而不是赋予其本来所无之性。

在基因工程中的应用

由于人同时有尊重自然和运用自身智慧的义务,因此可以合理地对自然作出有限度的干预。这种干预有着数个前提:① 承认自然的复杂性;② 承认人类的知识永远有限;③ 着重保存自然的多样性;④ 有节制地（温和地而非激进地）根据道德关怀而采取行动。这种生命伦理学观点对运用人类智能干预自然有两项要求：① 低度而非高度干预；② 局部而非广泛的干预。换言之，人类根据自己的有限知识进行的基因工程，应以补弊救失为宗旨，而非追求超常的最佳效果化。另一方面，对大规模、影响深远且无法复原的改造，应尽量避免。

让我们来考虑一下治疗遗传疾病的具体例子。世上的人类遗传疾病总计超过 3 000 种，当中很多都会严重影响患者本人的健康。将干预人类的基因视为一个禁忌，拒绝为遗传病患者进行基因治疗，并不是负责任的态度。儒家生命伦理学可以为体细胞基因治疗（somatic gene therapy）提供充分的道德理据，因为患者能够受益，而下一代并不会受到影响。至于生殖细胞治疗（germ-line therapy）则必须非常谨慎，因这种治疗可能会带来的变化是世代相传且难以预测的。罗林（Bernard E. Rollin）说得清楚：

> 自然赐予人类的基因包含不少失误，导致人类有遗传病的出现，时常会有小孩子需要承受此等苦难，我们很难仍然相信自然的总是最好的。诚然，我们的干预很多时候会令情况变得更差，但是如果我们不干预，后果又会如何？……囊性纤维化（cystic fibrosis）是一种遗传缺陷，目前的治疗手法是以吸入器将具有功能的缺陷基因及其产物送入肺部。为患者供给因遗传缺陷而缺少的物质，这种治疗方式被称为基因疗法，或体细胞基因疗法。这种疗法不会替换或修复患者的基因组遗传缺陷，只是将其害处遮盖住。患者仍然带有缺陷基因，并可以遗传给后代。而种系基因疗法可以于胚胎层面移除、修复或替换带有缺陷的基因，但至今未有采用的先例。事实上，如果这种疗法能够成功奏效，岂止不是过错，简

直是值得称颂的一大突破。（Rollin，1995：65）

根据"天人有分"这个观点，可以补天工之不足，却不可以取天工而代之。生殖性的克隆（reproductive cloning）、设计新人类等作为都有以人力取代天工之嫌，故应该加以抗拒。至于基因治疗、干细胞研究、治疗性克隆等则只是补弊救偏，影响有限，可算是无可厚非，甚至是值得肯定。在向人类负责的层面，第一类活动的问题在于可能会对当事人以至人类整体带来不利后果。在向自然负责的层面，这些活动企图以人类设计取代天工，对天或自然并没有足够的尊重。第二类活动则可以得到较强的辩护，因为这些活动对人类有利，对自然的干预亦是单次性的而非永久性的。

对生命伦理学的贡献

笔者在本章中探讨了儒家思想中一个与生命伦理学特别有关的观念。这个观念对于生命伦理学到底有何贡献？笔者认为，儒家的这个观念对干预自然的问题提供了一个中庸的立场，能够兼顾到生命伦理学中两个对立的观点，即以人为中心（human-centred / anthropocentric）及非以人为中心（non-human-centred / non-anthropocentric）两个观点各自的可取之处，同时也确定了尊重自然以及运用人类智能的双重责任。由此之故，这套生命伦理观似乎更为平衡及合理，与我们的道德常识达成更好的反思均衡。①

关于干预自然，通常有两个典型的立场。一种立场认为干预自然

---

① 有关反思均衡（reflectivee quilibrium），可参阅 Rawls，1972：第 1 章第 9 节。

有本质上的错误（intrinsically wrong）。另一种立场则恰恰相反，认为干预自然并无本质上的错误。第一种立场即由宗教启发的，而第二种立场本质上属于世俗及功利主义。

以基因工程为例，第一种立场认为基因工程有着本质上的问题，其理据为基因工程模糊了不同动物种类之间的界线，以及人与动物之间的界线，展现了人类试图扮演上帝的狂妄。[1]

第二种立场认为基因工程本质上没有问题。探求知识理应没有界限，重要的是要谨慎做好预防措施。由于我们对基因工程还未有足够的了解，目前可能不适合进行过多的干预。如果基因工程存在一些有害的副作用，那么进行干预可能是错误的。这意味着，只要找到避免副作用的方法就没有问题了。

这样的对于干预自然的立场的二分法对有关基因工程的讨论并无帮助。[2] 由于双方都没有吸纳对方论点中的可取之处，亦不能接受己方的合理论点不为对方所承认，因此，争辩并不能带来任何解决方案。[3]

与上述两个立场比较，儒家的观点可以看作第三种取向。儒家观点同时肯定尊重自然与运用人类智能两方面的价值。由于儒家观点主

---

[1] 基因工程常被指控是模糊物种、"玩弄自然"、有违生命的神圣、"扮演上帝"。如果按照这样的论点，基因工程的错误就在于其本质，而不是其有害后果。（Rollin, 1995：21；Reiss and Straughan, 1996：72）

[2] 二分法的观点，导致只有两类立场……是"停止基因工程"还是"放任基因工程"……引起了激烈的辩论。……二元化或对立思维是妥协与中庸之道的大敌。要是人们继续将动物基因工程看成"全部允许"或"全不允许"的二选一问题，就不可能在这个问题上取得理性的社会进步。（Rollin, 1995：10-11）

[3] 金谷治（Kanaya Osamu）在阐述《中庸》时表达了以下的论点："虽然说是中间立场，其实是吸收了两个极端立场的优点，并予以利用。换言之，两个极端立场的中间点虽不偏左，也不偏右，但实际上同时具备左右两方的观点。"（Osamu, 1996：86）所谓"中庸"，并不是否定两端，而是同时肯定两端——在找出中庸之道的过程中，应同时考虑及吸纳两端的合理之处。此即《中庸》所说的"执其两端"。

张敬天,因此不会仅从结果论的角度看待基因工程——僭越天地的造化、"玩弄自然"确实是应该避免的。但另一方面,我们也不能完全放任自然发展,人类也有应当扮演的角色,没有理由放弃自己的智能而不用。当自然发展出错的时候,我们应该运用人类智慧作出调整或补救。基本的论点,是人类智慧虽不足以取代自然,却可辅助之。补天工之不足,是谓"赞天地之化育"。

时下有很多学者都在作出反思,希望寻求一个观点,以图在生命物伦理的问题上,为人类行为提供更合适可行的基础。他们指出了目前生命物伦理学常用范式的不足之处。德林(Ole Döring)认为当务之急是寻求新的共识,以重新确认谨慎及合乎人道的政策(policies of caution and humanness)。(Döring,2002)区结成则指出现时人们需要的一种"正视未知的伦理学"(ethics of the unknown),以及"有待保护者的伦理学"(ethics of the unprotected)。(Au,2002)笔者认为,笔者于本章所论述的儒家生命伦理观点,似乎正正好能够满足以上的这些要求。

当然,纵使儒家生命伦理学真的有其独到之处或可取之处,并不等于儒家生命伦理学就能构成一套完备自足的生命伦理学理论。在现阶段,笔者只希望提出两点:① 儒家生命伦理构成了一个自备一格与西方主流的生命伦理学有所不同的观点;② 儒家生命伦理包含了一些要素,可以对建构更完备合适的生命物伦理学理论作出贡献。

笔者于本章中讲述的,是一些构成儒家生命物伦理基础的指导原则。这些指导原则可以作为思考生命物伦理学的框架。功利主义将效益作为道德考虑的唯一标准。辛格在其著作《应用伦理学》中以平等考虑(equal consideration)为道德判断的基础,当中包括了两个方面的考虑:幸福(well-being)与自主。(Singer,1979)比彻姆和邱卓思则以四条原则作为生命伦理学的框架：尊重自主、无恶意、仁爱及正义。（Beauchamp and Childress，1979）而儒家的生命伦理则有不一样的着眼点，可以得出新的论据及不同的结论。

我们可以将儒家生命物伦理的不同着眼点，看成文化价值观上的差异。但是，我们也可以将其视为发展出一套通用生命伦理学的起点。笔者的个人观点，是所有的伦理学理论，都包含着一部分的真理，处理不同的理论的关键不在于判断一个理论的对或错，而在于审视每一个理论，区分开其真理的部分与错误的部分。一套理想的理论，应该能够同时容纳不同理论中包含的真理的部分，并确保它们可以一致并存。纵使以上所述的儒家生命伦理不足以构成一套完备的生命伦理学理论，至少它亦能提醒我们一些不可遗漏的重要的考虑因素。

参考书目

Bernard E. Rollin, *The Frankenstein Syndrome: Ethical and Social Issues in the Genetic Engineering of Animals*, Cambridge：Cambridge University Press，1995.

Burton Watson（tr.），*Basic Writings of Mo Tzu，Hsün Tzu，and Han Fei Tzu*，New York：Columbia University Press，1967.

Burton Watson（tr.），*Chuang Tzu: Basic Writings*，New York：Columbia University Press，1996.

Burton Watson（tr.），*Records of the Grand Historian*，by Sima Qian，Columbia：Columbia University Press，Han Dynasty II（Revised Edition），1993.

D. C. Lau（tr.），*Mencius*，Hong Kong：The Chinese University Press，1984.

Derrick K. S. Au,"Manipulating Stem Cell and Withholding End-of-Life Care: Ethical Issues Compared", in Lee Shui-chuen (ed.), *Proceedings of Third International Conference of Bioethics*, Chungli: Graduate Institute of Philosophy, Taiwan Central University, 2002, Vol. 1, pp. E01 – E11.

Fung Yu-lan (tr.), *Chuang-tzu*, Beijing: Foreign Languages Press, 1989.

James Legge (tr.), *The Chinese Classics* (5 Volumes), Hong Kong: Hong Kong University Press, 1960, Volume 1.

James Legge (tr.), *The I Ching: The Book of Changes*, New York: Dover Publications, Inc., 1963.

John Knoblock (tr.), *Xunzi*, Hunan: Hunan People's Publishing House, 1999.

John Rawls, *A Theory of Justice*, Oxford: Oxford University Press, 1972.

Kam-por Yu,"The Handling of Multiple Values in Confucian Ethics", in Kam-por Yu, Julia Tao and P. J. Ivanhoe, *Taking Confucian Ethics Seriously*, Albany, NY: State University of New York, 2010, pp. 27 – 51.

Kanaya Osamu,"The Mean in Original Confucianism", in Philip J. Ivanhoe (ed.), *Chinese Language, Thought, and Culture*, Chicago: Open Court, 1996, pp. 83 – 93.

Lee Shui-chuen,"The Reappraisal of the Foundations of Bioethics: A Confucian Perspective", in Julia Tao (ed.), *Cross-cultural Perspectives on the (Im) Possibility of Global Bioethics*,

Dordrecht: Kluwer Academic Publishers, 2002, pp. 179 – 193.

Mary Evelyn Tucker and John Berthrong (ed.), *Confucianism and Ecology*, Harvard University Center for the Study of World Religions, 1998.

Michael J. Reiss and Roger Straughan, *Improving Nature? The Science and Ethics of Genetic Engineering*, Cambridge: Cambridge University Press, 1996.

Ole Döring, "Deontological Versus Consequentialistic Arguments in Ethics: A German's View on Current Social Darwinism as Expressed in the Stem Cell Debate in Medical Ethics and How it Matters to China", in Lee Shui-chuen (ed.), *Proceedings of Third International Conference of Bioethics*, Chungli: Graduate Institute of Philosophy, Taiwan Central University, 2002, Vol. 1, pp. D01 – D15.

Paul Ramsey, *Fabricated Man: The Ethics of Genetic Control*, New Haven: Yale University Press, 1970.

Peter Singer, *Practical Ethics*, Cambridge: Cambridge University Press, 1979.

Richard Wilhelm (tr.), *I Ching or Book of Changes*, translated from German to English by Cary F. Baynes, London: Arkana, 1989.

Ronald M. Green, *The Human Embryo Research Debates: Bioethics in the Vortex of Controversy*, New York: Oxford University Press, 2001.

Ruiping Fan (ed.), *Confucian Bioethics*, Dordrecht: Kluwer Academic Publishers, 1999.

Suzanne Holland，Karen Lebacqz，and Laurie Zoloth（eds.），*The Human Embryonic Stem Cell Debate: Science，Ethics，and Public Policy*，Cambridge，Massachusetts：The MIT Press，2001.

Tom L. Beauchamp and James F. Childress，*Principles of Biomedical Ethics*，New York：Oxford University Press，1979.

Wing-tsit Chan，*A Source Book in Chinese Philosophy*，Princeton：Princeton University Press，1963.

李零：《郭店楚简校读记》，北京：北京大学出版社，2002。

李瑞全：《儒家生命伦理学》，台北：鹅湖出版社，1999。

徐复观：《中国人性论史（先秦篇）》，台北：商务印书馆，1969。

余锦波：《殷周之际的中国文化转向》，二十一世纪中华文化世界论坛筹备委员会主编：《文化自觉与社会发展》，香港：商务印书馆，2005，第498—506页。

第二部分

应用及议题

第八章

同性恋的是非曲直

本章分析了反对同性恋的论据，并且逐点驳斥。再提出不应反对同性恋的理由。结论认为：同性恋并非不道德，对同性恋行为予以法律制裁亦缺乏理据。

同性恋的普及程度

1990 年 7 月 11 日，香港立法会通过修改法例，成年男子私下进行同性恋行为不再被视为触犯刑法。这次修改法例，其实经过了十年的争辩。最后法例虽然被成功修订，但社会上仍不乏反对声音。

据估计，香港的同性恋者为数不少，所占人口比例与其他社会相若。根据金赛（Kinsey）1948 年的（男性性行为）及 1953 年《女性性行为》报告，美国约有 4％的男性为彻底的同性恋者，另外有 13％曾于 16 岁至 55 岁期间有超过三年的时间有主要是同性恋的性活动。至于女同性恋者占女性的比率相当于男同性恋者的三分之一，①至于香港的同性恋人数，据香港法律改革委员会 1983 年的报告估计，香港有男同性恋者 125 000 至 250 000 人（约占男性人口的 5％至 10％），其中绝大部分是华人。②

虽然社会上的同性恋者人数不少，但普遍对同性恋行为都不以为然，本章将探讨是否有一些好的理由将同性恋行为视为不道德及对同性恋行为作出法律制裁。

中西传统对同性恋的态度

西方传统对同性恋的看法主要有两个，一个是希腊传统，一个是希伯来传统。基于爱情而不仅是肉欲的同性恋，在希腊被认为是正当的。然而柏拉图（Plato）在晚年批评同性恋，主要的理由是同性恋违反自然。③ 动物并没有同性恋行为，可见同性恋有违人的动物天性。在希伯来传统中，《旧约圣经》中曾屡次明文斥责同性恋行为，认为是对神的侵犯。索多玛人（Sodom）欲与神派遣的天使发生同性恋行为，结果神将全城毁灭。简言之，希腊反对同性恋的理由是同性恋违反自然，希伯来反对同性恋的理由是同性恋冒犯上帝。④

---

① Richard Green，"Variant Forms of Human Sexual Behavior"，in C. R. Austin and R. V. Short（ed.），*Human Sexuality*，Cambridge：Cambridge University Press，1980，pp. 68 - 69.

② Katherine O'Donovan，"Sexual Freedom"，in Raymond Wacks（ed.），*Civil Liberties* in *Hong Kong*，Hong Kong：Oxford University press，1988，pp. 308 - 309.

③ Plato. *The Laws*，trans. Trevor J. Saunders，Harmondsworth，Penguin Books，1970，Section 14，"Problms of Sexual Conducts".

④ "sodomy"一字即由"Sodom"一字衍生而来，《圣经》中谴责同性恋行为的章节很多。例如《旧约·利未记》："若与男人苟合，像与女人一样，他们两人行了可憎的事，总要把他们治死，罪要归到他们身上。"（第二十章第三节）《新约·罗马书》："男人也是如此，弃了女人顺性的用处，欲火攻心，彼此贪恋。男和男行可羞耻的事，就在自己身上受这妄为当得的报应。"（第一章第二十七节）

在中国，同性恋行为在春秋战国时代的文献已有记载，现时我们用来称谓同性恋的词语"断袖分桃"，原是描写同性之间的恩爱情状。① 在古代中国，同性之间的性爱行为并不罕见，有立嬖、娈童、男妓院等现象，②同性恋行为并不像在西方古代那样被视为严重罪行——同性恋者会受到社会人士的轻视和议论，但并不至于受到谴责和惩罚。③

反对同性恋的理由

同性恋是否不道德的，抑或是人们可以自由选择的一种生活方式？社会上有不少人认为同性恋是不道德的，但为什么说同性恋是不道德的呢？同性恋是否会对社会上的人造成伤害呢？如果是的话，会造成什么伤害呢？如果不是的话，凭什么说同性恋是不对的呢？有没有一些好的理由，足以支持同性恋是不对的这个主张呢？

一个最常为人们提出来指斥同性恋的理由是：同性恋违反自然。按照这个看法，世间的一切动物都是异性结合，繁殖后代。可见异性结

---

① 《韩非子·说难》："昔者弥子瑕有宠于卫君……与君游于果园，食桃而甘，不尽，以其半啖君。君曰：'爱我哉！亡其口味以啖寡人。'"《汉书·佞幸传》："董贤……为人美丽自喜，哀帝……说（悦）其仪貌。……常与上（哀帝）卧起，尝昼寝，偏藉上袖，上欲起，贤未觉，不欲动贤，遒（乃）断袖而起，其恩爱至此。"

② 关于同性恋在中国的情况可参看 Bret Hinsch, *Passions of the Cut Sleeve: The Male Homosexual Tradition in China*, Berkeley: University of California Press, 1990; Fang Fu Ruan, Sex in China: *Studies in Sex: Sexology in Chinese Culture*, New York: Plenum Press, 1991, Chapter 7, "Homosexuality: From Golden Age to Dark Age". 刘达临：《中国古代性文化》，宁夏人民出版社，1993。

③ 香港学者史文鸿曾对道德败坏与品位败坏作出区分——对道德败坏要谴责，对品位败坏却只可以嘲笑。根据这个区分，传统的中国人可能只是把同性恋行为视为品位败坏而不是道德败坏。参看史文鸿：《西方当代美学》，香港：青文书屋，1992，第六章。

合，才是自然的行为。但是部分人类，却放纵情欲，做出违背自然的行为。有人从宗教的角度来发挥这个论点：神给人造的每个器官，各有其用途。眼可以用来看东西，脚可以用来走路，而性器官的用途则是繁殖后代。同性的交合，并不能达致此目的，故有违自然。

以上提出的理由有不少漏洞。首先，事实上，同性恋行为并不是人类独有，不少动物（特别是灵长类动物）都有同性间互慰（例如，手淫、口交、肛交）的行为。①

其次，人类是不是唯一有同性恋行为的动物，其实并不重要。人是万物之灵。为什么竟要好像禽兽般根据本能行事？纵使是自然的行为，人亦可运用其自觉，反省此行为是否有必要。纵使是不自然的行为，我们亦可以经过反省，不觉得此行为有何不妥，继而自觉地做。纵使同性恋行为是不自然的，但这并不表示同性恋行为不对。人类很多行为，例如，拯救病人、配戴眼镜、改变河道、移山填海，都可以说是不合自然，但不见得有何不对。

再进一步说，究竟什么是人的器官的自然用途，并不清楚。口的自然用途是否只限于进食、说话？用来接吻、吹口哨就不自然吗？性器官可用来传宗接代，用来寻欢作乐就不自然吗？②

以上所论可以总结为三点：第一，人的器官有什么自然用途并不明确；第二，一种用途自然并不表示其他用途不自然；第三，纵使不自然亦不见得不好。

另一个经常为人所提出的理由是：同性恋不能达成人类传宗接代

---

① C. R. Austin, "Constrainst on Sexual Behavior", in C. R. Austin and R. V. Short (ed.), *Human Sexuality*, Cambridge: Cambridge University Press, 1980, pp. 148 – 149.

② 参看文思慧、曾家达、吴敏伦：《性与德育》，香港：三联书店，1990，第 16—17 页。

的任务。按照这种看法，每个种族都希望开枝散叶，猫狗如此，蚂蚁如此，人亦不例外。若种族有此希望，种族的每一个成员都有达致此目的的义务。同性恋者不能生育，不能完成此义务。从另一个角度看，同性恋的行为不能普遍化，一个行为，若是对的话，可以为每一个人所做。但若每一个人都是同性恋者，人类必然绝种。同性恋行为不可以被普遍化，故是不对的。

此点理由亦缺乏说服力。第一，不见得每个人都有繁殖后代的义务。一个人有权决定自己是否生育子女、何时生育及生育多少子女。部分人不生育子女，对人类整体而言，没有什么影响。若说每一个人都有繁殖后代的责任，那么和尚或独身主义者终身不婚，岂不是不尽义务，做了错事？如果认为同性恋不对，是因为不能繁殖后代，但又认为和尚或独身主义者不婚并无不对之处，则有不能自圆其说的毛病，同样是不生育子女，为什么不责怪和尚或独身而独独责怪同性恋者呢？

第二，人们反对同性恋，主要并不是同性恋者不能繁殖后代，若一些同性恋者是有异性恋行为——从与同性交合中取得快乐，并借着与异性交合繁殖后代，并不见得反对同性恋者会因此而不再反对。可见同性恋是否不对，关键并不在于同性恋者能否生育。

第三，通过人工授精，同性恋者亦可以选择生育子女。异性恋者可以选择避孕甚至绝育，同性恋者亦可选择生育，性爱与生育不必合为一事。

第四，同性恋者本身纵使不生育子女，但若协助亲人养育子女，同样可收到自己的遗传因子流传世上的功效。① 现代一些生物学者指出繁殖的单位是遗传因子而非个人，如此才可以从进化论解释生物中舍

---

① 因为亲人的遗传因子与自己的遗传因子有部分是相同的，都是由同一个因子池（gene pool）中取材。

己为群的行为为何如此普遍。[1] 据研究，[2]人类同性恋者中不乏优质高薪人士，他们由于自己没有家庭负担，可对家族的其他成员提供援助。这样做不啻是协助自己所拥有的遗传因子繁殖。由此可见，同性恋者纵使自己不生育，亦可在传宗接代的工作上发挥作用。

第三个我们要讨论的反对同性恋理由是同性恋贬低人类尊严。德国哲学家康德认为性行为在道德上都是有问题的。因为道德要求我们尊重别人，不要利用别人作为达到自己目的的工具。但是，在性行为中，我们将别人当作令自己的性欲得以满足的工具，唯有在爱与婚姻的基础上，性行为才是合乎道德的。由于两人爱上对方，通过婚姻的契约，授权对方（并排斥第三者）使用自己的身体。建基于爱与婚姻的异性恋，对于人类的繁殖是有必要的。所以为了保存人类，在不违背尊重别人人格的条件下，异性间的性行为是可以接受的。至于同性恋，则纯是视人为泄欲工具，且对保存人类这个目的并无帮助，既无补于人类整体利益，又有损个人尊严，故是不道德的。[3]

我们姑且暂时不论没有爱情的性行为是否不道德，纵使我们接受性行为必须基于爱情，康德的论点亦不成立。

在性行为中，并不必然地以对方为一件工具，假若双方是真心相爱，他们会认为对方的快乐与自己的快乐同样重要。爱情同时包括接受与给予。异性间的性行为不一定基于爱情，同性间的性行为亦可以

---

[1] Richard Dawkins, *The Selfish Gene*, Oxford: Oxford University Press, 1976.

[2] J. D. Weinrich, *Human Reproductive Strategy*. Ph. D. thesis, Harvard University, 1976.

[3] Immanuel Kant. *Lectures on Ethics*, trans. L. Infield, New York: Harper and Row, 1963. p. 170. 康德此论点（如果成立的话）亦可解释为什么嫖妓和看色情刊物是不道德的，因为在嫖妓或看色情刊物时，嫖客或读者只视女性为一个性欲对象（sexual object），而不是一个有个性及尊严的个人。

基于爱情,所以爱情的存在与否并不可以解释同性间的性行为比异性间的性行为不道德。以别人为工具不一定不道德,关键在于对方是否同时被视为同一目的。同性恋者之间亦可以有爱情,存在着呵护与关怀,不见得会只将对方视为一件工具。① 反之,若一个人只爱同性,勉强他与异性相交,反而会有欺骗和漠视的情形出现。

至于说性行为只有在繁殖后代的情况下才合乎道德,上文已有驳斥。

对同性恋者的另一个批评是说他们是变态的,但说同性恋是变态的,意思是什么? 如果意思是指同性恋行为不合自然,上文已提出反驳。

说同性恋是变态的意思是否仅是说同性恋者是少数? 但少数人做的不见得就是不对的,有不少行为只是少数人会做的,例如,吃下一杯生鸡蛋、留很长的指甲、冒生命危险攀登险峰、喜欢吃榴莲。但可以说这些行为都是不对吗?

或许说变态指的是引起别人的厌恶感,但只是因为一个行为令别人感到厌恶,而没有实质地损害别人,就可算是不对吗? 若如此,说多数人所厌恶的其实并没有什么不好,岂非自相矛盾? 但说多数人所厌恶的其实没有什么不好,并没有矛盾,并且可能是对的。由此可见,是否为多数人厌恶与是否对是两回事。如果变态指的是引起别人的厌恶感,则同性恋是否变态,随着社会风气转变会有不同的答案。如果单是因为别人听了会感到厌恶就可表示该行为在道德上不可以被接受,则道德标准就完全没有客观性了。

① Michael Ruse, *Homosexuality: A Philosophical Inquiry*, Oxford: Blackwell, 1988, p. 155.

不反对同性恋的理由

以下分别从快乐、人权、自由三个方面立论，说明为什么不应将他人的同性恋行为视为不道德。

功利主义者边沁指出，快乐本身是好的，越多快乐便越好，不管是谁的快乐。若一个行为能让自己快乐而又不会为其他人带来不好的后果，则凭什么说那个行为是错的？若同性恋者只能借同性恋得到快乐，则只有在这些同性恋行为会为其他人或他们自己带来的坏处比同性恋行为为他们带来的好处更大的时候才有理由反对同性恋。[①]

其次，从人权的方面立论，反对他人同性恋有侵犯他人的人权之嫌。一个人的生命是属于自己的。如果他侵犯他人，固然要受到谴责。但在不影响别人的情形下，他在私生活中采取何种生活方式，别人根本无权干涉，政府横加干涉则属越权。

最后，从尊重他人的自由立论，反对他人同性恋亦是不必要的。有一些人以为，要社会和谐发展，便必须有一套共同遵行的价值观。在这样一个信念下，人们强调万众一心，团结一致。但现代社会的人们，却越来越相信一个和谐发展的社会可以是一个多元化的社会。一个安定繁荣的社会并不必是一个千人一口的社会，重要的是这个社会有一套健全的法制，令不同的价值观可以同时在社会上并行不悖。并行，是指不同的价值观能在同一社会并存；不悖，是指不同的价值观互不干预，各行其是，各得其所。公众的事由公众共同解决；个人的事由个人自行

---

① Jeremy Bentham, "An Essay on 'Paederasty'", reprinted in Robert Baker and Frederick Elliston (ed.), *Philosophy and Sex* (New Revised Edition), New York: Prometheus, 1984, pp. 353 - 369.

解决(individual autonomy)。在一个多元化的社会中,容忍别人有不同的行为模式是必须的。

香港关于同性恋的法例

英国于 1861 年通过的《侵犯人身法》(*Offences Against the Person Act*),香港于 1865 年完全采纳为《侵犯人身条例》(*Offences Against the Person Ordinance*)。根据此法例第 49 条,任何肛交(sodomy)行为,均属违法,最高可被判终身监禁。此法例有三点值得注意的地方:① 不论是否私下进行,皆属违法;② 双方同意并不构成答辩理由;③ 双方均可被检控。[1]

另外,根据《侵犯人身条例》第 51 条,两名男性在任何地方有猥亵行为(gross indecency),亦属违法,最高可被判监禁两年。

直至 1980 年 6 月,律政司联同首席按察司要求法律改革委员会研究有关同性恋法例是否要修改及如何修改,经过三年研究,法律改革委员会建议,成年人在双方同意及私下进行的同性恋行为不应再列为刑事罪行。但委员会的建议遇到强力反对,在五年内数度提出,皆不成功。

1988 年,香港政府再度咨询公众对修改有关同性恋法例的意见,经过激烈的争辩,终于 1990 年 7 月立法局通过修改法例,将成年男子双方同意私下进行同性恋行为非刑事化。

反对同性恋非刑事化的理由的检讨

一些人认为纵使同性恋行为本身不是不道德,但容许同性恋行为

---

① 陈文敏:《人权在香港》,香港:广角镜出版社,1990,第 176 页。

非刑事化，会有不良的副作用。例如，会令同性恋行为更公开化、导致同性恋者更加容易滥交，加促艾滋病的蔓延，甚至助长同性恋卖淫的情形出现。同性恋者甚至可以公然引诱青少年染上同性恋的恶习。

以上的理由并不能成立。非刑事化只表示不将同性恋行为一概视为违法，并不表示对同性恋行为一概不予干涉。在非刑事化的同时可以加强对公众场所有猥亵行为及经营卖淫场所的管制，以及对青少年的保障。①

另外一个被人提出反对同性恋非刑事化的理由是：社会有权运用法律去维持社会上流行的道德观念。纵使同性恋在实际上未必不道德，但它始终有违社会上多数人的道德观念。多数人的观念未必对，但却是不可忽视的。社会的正常运作，有赖于人们有一致的道德观念去维系。社会既有流行的道德观念，而这些流行的道德观念有助于社会的团结安定。故为了社会的团结安定，社会有权自保，使用法律去维持社会流行的道德观念是社会自保的一个合理途径。②

以上的论点其实过于危言耸听。如果一个社会的道德观念全面崩溃，固然是一件严重的事。但并不是所有的道德观念对这个社会都是同样重要的，不见得只要其中一些通行的道德观念被违背，整个社会就会解体。我们的道德观点中有些是很重要的，例如不可杀人、不可抢劫，若这些道德观念受到挑战，社会就会混乱。但亦有一些道德观念对社会的正常运作并不具有如此关键性，例如不应说粗口、不应有婚前性

---

① 英国 1957 年的沃芬敦报告（Wolfenden Report）就是这样建议：双方同意的成年人在私底下进行的同性恋行为并不违法，但在公众地方展示同性恋行为，引诱青年人进行同性恋却属违法。参看 Patrick Devlin, *The Enforcement of Morals*, Oxford：Oxford University Press，1965，Chapter 1；H. L. A. Hart. *Law, Liberty and Morality*, Oxford：Oxford University Press, 1963，Chapter 1。

② Patrick Devlin, "Morals and the Criminal Law", in *The Enforcement of Morals*, Oxford：Oxford University Press，1965.

行为。

　　如果一个人全无道德观念,对于社会固然是极大的威胁,但若他只是在私生活不合流俗,却于大节无亏,不见得他会对社会构成任何危机。

　　根据以上的讨论,可以作出以下的总结:同性恋并非不道德,对同性恋行为予以法律制裁亦缺乏理据。

参考书目

H. L. A. Hart. "Immorality and Treason", in R. M. Dworkin (ed.), *The Philosophy of Law*, Oxford: Oxford University Press, 1977.

Katherine O'Donovan, "Sexual Freedom", in Raymond Wacks(ed.), *Civil Liberties in Hong Kong*, Hong Kong: Oxford University Press, 1988.

Michael Ruse, "The Morality of Homosexuality", in Robert Baker and Frederick Elliston (ed.), *Philosophy and Sex* (New Revised Edtion), New York: Prometheus Books, 1984. pp. 370 – 390.

Michael Ruse, *Homosexuality: A Philosophical Inquiry*, Oxford: Blackwell, 1988.

Patrick Devlin, "Morals and the criminal Law", *in The Enforcement of Morals*, Oxford: Oxford University Press, 1965.

Richard D. Mohr, "Gay Rights", in Jan Narveson (ed.), *Moral Issues*, . Toronto: Oxford University Press, 1983.

Richard Green, "Variant Forms of Human Sexual Behaviour", in C. R. Austin and R. V. Short (ed.), *Human Sexuality*,

Cambridge：Cambridge University Press，1980.

Ronald Dworkin，*Taking Rights Seriously*，London：Duckworth，1977，Chapter 10，"Liberty and Moralism".

Thomas A. Mappes and Jane S. Zembaty（ed.），*Social Ethics: Morality and Social Policy*（2nd Edition），New York：McGraw-Hill Book Company，1982，Chapter 6，"Sexual Morality".

Thomas Nagel，"Sexual Perversion"，in Thomas Naged，*Mortal Questions*，Cambridge：Cambridge University Press，1979.

陈文敏：《人权在香港》，香港：广角镜出版社，1990，第十二章，"同性恋非刑事化?"。

文思慧："性与德育——哲学篇"，见文思慧、曾家达、吴敏伦合著：《性与德育》，香港：三联书店，1990。

第九章

从堕胎问题看权利观点的局限

引言：美国社会与华人社会在道德判断上的严重差距

在美国，堕胎可说是最受争议的一个伦理问题。众所周知，在堕胎的议题上，美国社会被撕裂为两大派：维护生命派（pro-life）与维护选择派（pro-choice）。两派壁垒分明，各自以为自己代表了正义或道理，而另一方则代表了邪恶或愚昧。相反，在世界的其他很多地方，例如华人社会，堕胎并不会被认为是一件个人行使权利范围内的私事，亦不会被认为是一件如同谋杀的天大坏事。

简言之，美国社会与华人社会在堕胎问题上的道德判断有严重差距。美国社会对堕胎的看法趋向极端化，要么看成天大的坏事，要么看成个人行使自由范围内的私事。① 华人社会的看法比较持平，一方面

---

① 当然，这里说的并不是美国社会只有这两个极端的看法，而是大部分人倾向于这两个极端的其中一端。华人社会当然亦有支持这两极看法的人士，但大部分人倾向于比较折中的看法，即认为堕胎不是一件好事，但亦不是天大的坏事。

堕胎被认为不是一件好事，因为胎儿的生命始终是有价值的，亦不是一件小事，不是如除去身上肿瘤那样的一个道德上中性的议题；另一方面，堕胎亦不被认为是一件大坏事，并不可以将之与谋杀相提并论。

单从权利角度看堕胎问题的缺憾

究其原因，我认为是由于大部分美国人倾向于只是从权利角度看堕胎问题，这个狭窄的角度令争论双方的观点各趋极端，无法解决问题，亦令观点偏离常理，甚至不能自圆其说。

表面上看来，美国社会争论的双方好像背道而驰，实则两方有共同的理论基础及相当类似的思考模式。双方都把问题看成两个个体之间权利的冲突。只不过一方认为胎儿是人，有生存的权利；另一方认为胎儿不算是人，没有人的权利，或纵使胎儿是人，但其权利并不大于孕妇对自己身体的自主权利。争论的焦点是胎儿算不算是人，胎儿有什么权利，胎儿的生存权利是否高于孕妇对自己身体的自主权。①

维护生命派的论据建基于两个前提：① 胎儿有生存权利；② 一个人的生存权利大于另一个人的身体自主权。这两个前提导致他们反对堕胎。当然，如果不堕胎会导致孕妇死亡，维护生命派是可以赞成堕胎的，因为这时候冲突的不是一个人的生存权与另一个人的自主权，而是一个人的生存权与另一个人的生存权。

很多维护生命派的支持者，亦会赞成乱伦或因奸成孕者堕胎，但这

---

① 关于西方对堕胎问题的讨论，可参看 Joel Feinberg（ed.），*The Problem of Abortion*（Second Edition），Belmont：Wadsworth Publishing Company，1984；Louis P. Pojman and Francis J. Beckwith（eds.），*The Abortion Controversy*，Boston：Jones and Barlett Publishers，1994。

个主张其实是与他们的基本观点矛盾的。试想想,乱伦或因奸成孕的胎儿比起一般的胎儿就不算是人吗? 他们有的生存权利比一般的胎儿要少吗? 我们的社会亦有一些人是乱伦或因奸成孕而生下来的,他们的人权要比其他人少吗? 谋杀他们是否比谋杀其他人在道德上较为可取? 如果维护生命派的观点能够成立,那么不止一般的堕胎不合道德,把乱伦或因奸成孕的胎儿打掉亦是在道德上不可容许的。当然,这时候人们会说,把胎儿生下来对胎儿的母亲或胎儿都太痛苦了,所以把乱伦或因奸成孕的胎儿打掉是一个勉强可以接受的做法。但荒谬的是,维护生命派在反对一般堕胎时严守生存权利的立场,到了要为他们自己的成见辩护的时候,他们又大开方便之门了。①

维护选择派亦完全是从个人权利立论。他们立论的基础是女性对自己的身体有自主权,女性的子宫并不属于政府管辖范围,女性有绝对的权利决定什么可以、什么不可以在她们的子宫之内发生。这派人士要么不承认胎儿是人或是有生存权利,要么认为胎儿纵使是人及有生存权利,其生存权利并不能凌驾于女性对身体的自主权之上。胎儿纵使有生存权利,但此生存权利并不意味着孕妇有责任让胎儿在其子宫内占住九个多月。②

然而,按照维护选择派的论据,不但只在未有准备或没有条件照顾婴儿的情况下可以堕胎,基本上任何情况下堕胎都是在道德上没有问题的,包括不满意胎儿的性别或头发颜色,以及不愿意修改旅行计划及

① 一些人士从生命神圣论的基础立论(例如天主教人士),否定一切形式的刻意堕胎,包括因强奸及乱伦而成孕。他们可以避免不能自圆其说之讥,但仍不能否认他们的主张与一般人的道德观大有出入,可谓是将逻辑一致性凌驾于道德判断的合理性了。
② 对于这个观点的最著名及最有力的论述,当然是汤姆逊为堕胎辩护的文章。Judith Jarvis Thomson,"A Defense of Abortion", *Philosophy & Public Affairs*, Vol.1 No.1, 1971, pp. 47-66.

缴付改机票的附加费，而选择把胎儿打掉。以这些理由去堕胎不是把人命视同儿戏吗？一般人的道德直觉当然会认为这样的堕胎是不合道德的。但按照维护选择派的思路，这样的堕胎亦是完全没有问题的。既然女性的身体是属于自己的，有完全的自主权，为了如期旅行而堕胎不也是在行使其身体的自主权吗？我们亦可以设想，如果胎儿的干细胞有商业价值，一个女性故意怀孕再打掉胎儿以获取胎儿的干细胞出售牟利，亦是无可非议的，因为她亦只是在行使她对自己身体的自主权罢了。我们可以说，最少某些情况下的堕胎是道德上值得非议的，但依照维护选择派的立论基础，各种堕胎都变成无可非议，由此可见，这一派的观点其实是与一般人的道德判断有严重抵触的。[1]

为了要证明问题并不是出于错认哪一个权利比较重要，而是出于单单从权利的角度思考，而造成伦理观点的贫乏和有悖常理，我们可以设想以下的一个思想实验。如果我们有最先进的科技，又有无限的资源，面对胎儿的生存权与孕妇的自主权互相冲突，如何才能做到两全其美，圆满解决问题？为了要尊重孕妇的身体自主权，我们要把胎儿移走，因为孕妇并不愿意孕育胎儿，而没有人有权利勉强她这样做。但移走胎儿并不一定要把它杀死。以现时的科技，要移走胎儿是要把胎儿杀死及肢解，但假如我们有方法把胎儿活着移走，再在孕妇体外以人工方法维持胎儿的生命，让其继续孕育，直至达到一般婴儿出生时的发育程度，那是不是一件两全其美的好事？这是否在伦理上的最佳选择？

---

[1] 不论是维护生命派与维护选择派，都会引申出与一般人的道德常识严重矛盾的判断，也就是说，两派都无法达到普遍理论与个别判断之间有反思上的平衡。关于反思上的平衡，参看 John Rawls, *A Theory of Justice*：Oxford：Oxford University Press，1982，pp. 46 - 53；Norman Daniels, *Justice and Justification: Reflective Equilibrium in Theory and Practice*，Cambridge：Cambridge University Press，1996。

从权利的角度来看,将孕妇与胎儿分开,无疑是最好的安排,因为孕妇的身体自主权与胎儿的生存权,同时获得最大的尊重。如果堕胎作为一个伦理学问题的关键是如何解决权利冲突,则将胎儿移离母体让其继续存活是最妥善的安排。但这真是最妥善的安排吗?我相信很多人会说,这何止不是最好的安排,更是十分坏、十分恐怖的安排。[①] 是比起堕胎或勉强孕育胎儿都要差很多的一个安排。如果孕妇知道堕胎之后胎儿会继续活下来,她很可能会选择不堕胎了。如果你是胎儿而又知道堕胎之后你会以人工的方式存活下来,你可能宁愿不出生了。

根据权利的观点,对权利持有者的权利作出最大程度的尊重,没有任何侵犯或妥协,是最好的安排,而将孕妇与胎儿分开,就是这样的一个安排。但很明显这不是一个最好的安排,甚至不能说这是一个在道德上可以接受的安排。这说明了什么呢?这说明了单凭权利的观点不能令我们更妥善地解决伦理问题。也就是说,在伦理思考的时候我们不能只是用权利的观点。

个人权利是现代人的核心价值之一,所以思考伦理问题时要考虑个人权利,这是无可非议的。问题是:除了个人权利之外,伦理判断还涉及什么相关考虑?只有权利考虑的道德思考是一种在伦理学上十分贫乏的思考。[②] 在华人社会思考堕胎这一个伦理问题的时候,当然不

---

① 赫胥黎(Aldous Huxley)的小说《美丽新世界》(*Brave New World*,1932)描述的正是这样的一个未来世界。胎儿不由母亲孕育,而是由政府统筹培育,在玻璃箱中成长,正是小说中震撼人心的一幕,作者的用意是借此种非人性化的社会关系制造读者的反感。儒家的伦理观不一定抗拒以科技辅助生育,但一定反对违背人性、泯灭人伦的社会关系。

② 对于只是从权利角度思考道德问题,其不足及缺失之处,格伦顿的《权利话语》(*Rights Talk*)一书中有很好的讨论。Mary Ann Glendon, *Rights Talk*, New York: The Free Press,1991.

能只是将美国人思考这个问题的思路搬过来。在华人社会中论述堕胎问题，会涉及什么其他价值上的考虑呢？

从中国人的生命观及道德观看堕胎问题

西方有两种刚好相反的观点。一种受基督教的观点影响，认为生命为神所赐，凡人没有结束生命的权利，不论是他人的生命或是自己的生命。十诫说"不可杀人"，自己亦是人，所以自杀亦算是杀人，亦算是犯了十诫。简言之，人的生命神圣不可侵犯，在人类的角度而言有绝对的价值，这种观点亦被称为"生命神圣论"（the doctrine of the sanctity of life）。① 相对于这种传统观点的另一种观点，认为人的生命只有相对的价值，生存不一定比死亡好，要看看生命是否合乎一些令生命具有价值的条件，例如，要看生存是否快乐，是否能实现自己的意愿，或是否有某种程度的智慧，或是否有作出选择的能力。总之，就是认为生命本身并不构成价值，而是因为具有某些有价值的东西而有价值，因此，生命亦只在具有那些有价值的东西的情况之下才有价值。②

中国文化对生命的看法与以上两种看法都不同。生命被认为是有正面的内在价值的，但并没有绝对的价值。《孝经》说："天地之性，人为贵。"③《书经》说："惟人万物之灵。"④《易经·系辞》说："天地之大

① 辛格对于生命神圣论的批判，见于 Peter Singer, *Unsantifying Human Life*, ed., Helga Kuhse, Oxford：Blackwell, 2002.
② 辛格在《实践伦理学》（*Practical Ethics*）一书中，论到初生婴儿的价值，即建基于初生婴儿拥有那些令他们具有价值的条件到达什么程度，他由此推断胎儿以至初生婴儿的价值不比高级动物为大。Peter Singer, *Practical Ethics* (Second Edition), Cambridge：Cambridge University Press, 1993, Chapter 5 to 7.
③ 《孝经·圣治章》孔子语。《孝经注疏》，上海：上海古籍出版社，2009，第43页。
④ 《尚书·泰誓上》。孔颖达：《尚书正义》，上海：上海古籍出版社，2007，第401页。

德曰生。"①对于人的生命的价值有充分肯定。但却没有把生命看成有绝对价值，或视之为神圣不可侵犯。正如《颜氏家训》所说："生不可不惜，不可苟惜。"②一方面不可将生命视为没有价值；另一方面不可以将生命视为有绝对价值。所以，中国人认为在一些情况下死比生有更高价值。《春秋》以"国亡身死为正"，即在国破的时候，国君不应该逃生，而应该以身殉国，与国家共存亡。③ 曾子说："战阵无勇非孝也。"④即在战争中贪生怕死，临阵逃跑，说什么要保留生命侍奉父母，不但不算是孝，更是不孝。⑤ 其意思就是说，战死比逃生要好得多了。曾子甚至主张："生以辱不如死以荣，……及其不可避，君子视死若归。"⑥孟子亦说："所欲有甚于生者……所恶有甚于死者。"⑦各位先哲所说的都是人的生命有其正面的内在价值（positive intrinsic value），但并不是最高价值，更不是唯一价值。生命只是人类价值的其中一种，要决定生命是否值得保留还得看其他的相关价值。

中国文化的道德观，尤其是儒家的道德观，还有一个很重要的特

---

① 《易经·系辞下》。黄寿祺、张善文：《周易译注》，上海：上海古籍出版社，1989，第 569 页。

② 《颜氏家训·养生》。庄辉明、章义和：《颜氏家训译注》，上海：上海古籍出版社，1999，第 238 页。

③ 《春秋公羊传》成公二年，逢丑父以性命协助顷公逃生，孔子撰《春秋》不但不称赞他，还要贬斥他，因为他开了后世国君不殉国的先例。何休解释："丑父杀君不贤之者，经有使乎大夫，于王法顷公当绝。如贤丑父，是赏人之臣绝其君也。若以丑父故不绝顷公，是开诸侯战不能死难也。"《春秋公羊传注疏》，北京：北京大学出版社，2000，第 431 页。

④ 《大戴礼记·曾子大孝》。王聘珍：《大戴礼记解诂》，北京：中华书局，1983，第 83 页。

⑤ 《韩非子·五蠹》："鲁人从君战，三战三北。仲尼问其故，对曰：'吾有老父，身死，莫之养也。'仲尼以为孝，举而上之。以是观之，夫父之孝子，君之背臣也。"完全歪曲了儒家的孝道思想，与《孝经》及《大戴礼记》曾子十篇的内容完全相反。

⑥ 《大戴礼记·曾子制言上》。王聘珍：《大戴礼记解诂》，北京：中华书局，1983，第 90 页。

⑦ 《孟子·告子上》（6A10）。杨伯峻：《孟子译注》，香港：中华书局，1984，第 265 页。

色，就是要以人性为基础——道德要合乎人性、合乎人情，才算是正当、合理、适合人类使用的道德观。①《孝经》反复说明的一个道理就是"圣人之教……所因者本也"。② 要顺着人性人情去施教化，所谓"以顺天下""顺治"，绝不能强人所难，如此才能"不肃而成""不严而治"。③ 君子拥护的一套道德，不以难能为可贵，要"言思可道，行思可乐，德义可尊，作事可法"。④《礼记》说：圣王的那一套道德是怎样弄出来的？是以"人情"作为田，而在这个基础之上培养出来的。⑤《中庸》说："率性之谓道，修道之谓教。"意思就是：人性基本上是没有问题的，所以顺性是人生的大方向，只需要稍为修饰调整之，就构成了圣王的教化。孟子道性善，意思亦是说，人类的道德是顺着人性而建立的，并不可以"戕贼人以为仁义"。⑥ 新发现的先秦儒家文献《郭店楚简·尊德义》说得就更清楚了："教非改道也，教之也。……圣人之治民，民之道也。禹之行水，水之道也。造父之御马，马之道也。后稷之艺地，地之道也。莫不有道焉，人道为近。是以君子，人道之取先。"⑦道德，就是要顺着人之道去建构，建基于天之道或物之道，都是儒家所不取的。违反人性去强人所难，纵使真能在实际上取得好的效果，亦是儒家所不取的。⑧

---

① 五四时期对"吃人的礼教"的批评，可能对后世末流的礼教有实际意义，但是对于先秦儒家讲究"务本""顺性""人情""中庸"的道德观是完全不对应的。
②《孝经·圣治章》。《孝经注疏》，上海：上海古籍出版社，2009，第48页。
③《孝经·三才章》。同上，第29页。
④《孝经·圣治章》。同上，第52页。
⑤《礼记·礼运》："圣人作则……人情以为田。……礼义也者……所以……顺人情之大窦也。……故圣人修义之柄，礼之序，以治人情。故人情者，圣人之田也，修礼以耕之，陈义以种之，讲学以耨之，本仁以聚之，播乐以安之。"王文锦：《礼记译解》，北京：中华书局，2001，第301—305页。
⑥《孟子·告子上》(6A1)。杨伯峻：《孟子译注》，香港：中华书局，1984，第253页。
⑦ 李零：《郭店楚简校读记》，北京：北京大学出版社，2002，第139页。
⑧《孝经·圣治章》："不爱其亲而爱他人者，谓之悖德；不敬其亲而敬他人者，谓之悖礼。以顺则逆，民无则焉。不在于善，而皆在于凶德。虽得之，君子不贵也。"《孝经注疏》，上海：上海古籍出版社，2009，第51页。

把以上两个观点,应用在堕胎问题上,就会把胎儿视为一个生命,本身具有正面的价值,因此,堕胎本身是一件不好的事。但堕胎并不是在任何情况之下都不应进行。限制堕胎是可以考虑的,但不可以用高压手段强制执行,而应该采用合乎人性人情的方法。在这个问题上,苏东坡的做法相当值得参考。苏东坡的时代遇到的当然不是堕胎的问题,因为那个时候还没有可靠的堕胎方法——堕胎很可能会危害孕妇的生命。苏东坡遇到的问题是"溺婴"。苏东坡被贬到黄州,听到岳鄂民间流行溺婴的恶俗。① 当地人民因为经济压力,把多生的女婴杀掉,"初生辄以冷水浸杀,其父母亦不忍,率常闭目背面,以手按之水盆中,咿嘤良久乃死"。按当时的法律,"故杀子孙徒二年"(蓄意杀子女者判两年徒刑),但苏东坡并不主张单用强制的方法令人就范。他留意到父母杀婴,其实亦有相当挣扎,如果初生时不杀,一旦相处一段时间,就不能下手。"既旬日,有无子息人欲乞其子者,辄亦不肯。"他由此推断:"以此知其父子之爱,天性故在,特牵于习俗耳。"② 他于是想出一个办法,筹了一些钱,成立了一个"育儿会",帮助有困难的家庭养育初生的婴儿,只要过了最初的一段时间,以后再艰难都可以挨过。"若实贫甚不能举子者,薄有以赒之。人非草木,亦必乐从。但得初生数日不杀,后虽劝之使杀,亦不肯矣。"③

苏东坡并没有把胎儿或初生婴儿与其母或父母视为对立的个体,而看到父母对婴儿具有自然之爱,只要顺着人性去辅导,就可以解决伦

---

① 李一冰:《苏东坡新传》,台北:联经出版社,1983,第431—433页。
② 性不可以改,但习俗可以改,儒家特别强调"移风易俗"(《孝经》孔子语,见《孝经·广要道章》)。
③ 以上引文皆出自苏东坡:《与鄂州书》,见《苏轼文集》,北京:中华书局,1986,第四册,第1416—1418页。

理问题。① 苏东坡处理杀婴或堕胎的方法，充满儒家的色彩，与人为善，匡救其恶。深合人性人情，一点都不勉强，一点都不极端。在现代人各走极端的伦理争辩中，不但可别成一家，也更特别有参考的价值。

结论

本章的主旨在以堕胎为例探讨权利观点的局限，及引申出儒家伦理观的独特及优越之处，并没有企图对儒家关于堕胎的观点作一个全面或有系统的探讨。② 本章突出儒家伦理观与西方立足于个人权利的道德观的重大差别，并指出在堕胎问题上，儒家的观点有助于求取一个比较合理及持平的结论。简单地说，儒家既肯定生命之价值，便不会赞成基于个人一时好恶而选择堕胎。但在儒家的价值系统中，除了人的生命有价值之外，尚有其他重要的价值。也就是说，只能在有其他相当重要的价值受到威胁时，才可以选择堕胎，所以一时的困难并不能构成堕胎的理由，但人格的尊严及对家族的责任则有可能构成较好的理由。

---

① 西方学者戈尔茨坦（Robert Goldstein）亦曾论到从母亲对婴儿的自然之爱，而不是从双方的个人权利看堕胎问题。Robert D. Goldstein, *Mother-Love and Abortion: A Legal Interpretation*, Berkeley: University of California Press, 1988.

② 关于儒家的堕胎观点的讨论，可参看 Philip. J. Ivanhoe, "A Confucian Perspective on Abortion", *Dao: A Journal of Comparative Philosophy*, Vol.9, No.1 (March 2010), 37-51。

第十章

关于安乐死的道德思考

从道德判断到道德思考

　　《价值与社会》第一集,刊登了陈浩文、高永文两位合著的《安乐死的谬误、医疗目标与病人自决权》一文。[①] 此文的观点温和,分析细密,引用相关的文献相当详尽,是有质素的学术著作。笔者要提出商榷的是该文论证观点时所采用的道德思考方法。

　　在道德哲学的探讨中,对什么是相关的道德考虑因素、不同的道德考虑因素孰轻孰重,容有不同的见解。但认真的道德哲学探讨,应合乎两个条件:① 追求普遍性;② 追求一致性。所谓"追求普遍性"并不局限于指追求一些可以被普遍应用的简单原则,而是指有意越过个别的道德判断而求取可以被广泛地应用的原则(这些原则可以是数目众多,并且颇为复杂的)。不追求普遍性的人最多只可以成为道德家而不是

---

① 陈浩文、高永文:《安乐死的谬误、医疗目标与病人自决权》,载于陶黎宝华、邱仁宗主编:《价值与社会》第一集,北京:中国社会科学出版社,1997,第74—101页。(注: 本章正文中引用此书内容的均已标注页码)

道德哲学家。所谓"追求一致性"指的不仅是避免作出前后矛盾的道德判断，亦包括对各个道德理由的重视不可以时轻时重。对道德原则的运用不可以呼之则来，挥之即去。

从道德原则的失落到道德原则的选择性运用

作者开宗明义，表示解决道德争论，不能简单地诉之于道德原则。原因是道德原则之间会有冲突。如果根本不存在合乎所有道德原则的方案，有违个别道德原则的行为不见得就是违背道德的行为。作者解释："面对……道德抉择，我们一般希望援引一些普遍的道德原则以帮助我们作出决定。可是，这些原则却往往给予我们互相矛盾的答案。就以尊重生命和尊重病人利益为例子，如果我们坚持尊重生命的原则因为生命有固有（intrinsic）的价值，那么在任何情况下我们都应该延续病人的生命。但是，如果我们认为尊重病人的利益是最重要的原则，而又无有效办法减轻病人的痛楚和病况，我们会认为应该停止延长末期病患者生命以消除他的痛楚。"（第 75 页）

奇怪的是，在批评作者不赞成的行为时，作者却每每只是诉之于个别的道德原则；在指出某类行为不合乎或可能不合乎个别的道德原则之后，作者即总结该类行为在道德上不可接受。例如，要论证病人无权要求安乐死，作者便诉之于尊重生命的原则（第 82 页）；到了论证病人有权要求中止治疗，作者便诉之于尊重自主权的原则（第 81 页）。尊重自主权的原则，时而严受规限（第 83 页），时而至高无上（第 90 页）。令人在追寻作者结论背后的理据时感到困惑。

作者对道德原则的运用，未见前后一贯。例如，作者反对非自愿安乐死，认为施行非自愿安乐死是将一个对生命价值的主观看法强加在病人身上，但在反对自愿安乐死时，又不介意一律禁止为病人施行安乐死是将一个对生命价值的主观特定看法强加在病人身上。作者说"人生经验(life experience)无论是苦是甜，都有自身的价值"。(第80页)其实正是"一个对生命价值的主观特定看法"。基于这个信念而完全否定自愿安乐死，正是"将一个对生命价值的主观特定看法强加在病人身上"。

又例如，作者赞成在决定是否停止给予病人无效治疗时，关键在于病人如何自决(第90页)。在这里病人的自决权被视为至高无上，但作者在反对自愿安乐死时，对病人的自决权却没有同样的重视。

再例如，作者认为选择中止治疗，并不可说是选择安乐死，理由是："一个末期病患者对采用治疗以延长生命和拒绝治疗的结果作过比较后，决定拒绝治疗。这个决定可能大大缩短病人的寿命，但是，我们不能说他是选择死亡，并认为死亡比活着还有价值。他所追求的是选择如何令自己活得较好。这个选择并不违背尊重生命的原则，因为不同人可以有不同的方式尊重生命，所以，我们不应该把这个选择理解为选择自愿被动安乐死，除非病者觉得死去比活着还要幸福，而拒绝治疗的目的是使令生命终结而不是使自己活得更有意义。"(第82页)这就是说，究竟病人选择中止治疗，是否可称为选择被动安乐死，全在乎病人的一念，如果他认为死亡比生存好，他就算是选择安乐死；如果他只是认为中止治疗的余生比没有中止治疗的余生要好，他就不算是选择安乐死。奇怪的是，同样的逻辑为什么没有被应用在自愿主动安乐死之上？病人选择自愿主动安乐死，亦可能是由于他宁要较短而较少苦痛、较有尊严的生命，而不取较长而较多痛苦、较少尊严的生命。我们是否亦可以说，他并不是选择死亡，而是在两种生命中作出选择？有趣的是，如果盗贼为自己辩护，他的目的是谋财，不是害命，但由于当事人誓死保卫财物，以致他不害命则不能谋财，这时候他为谋财而杀人，是否就不算杀人呢？

反对自愿安乐死的理由

作者反对自愿安乐死的理由主要见于文章的第六节"安乐死与医务人员的责任"，以下笔者将逐点评论。

作者首先提出："如果一个末期病患者真的认为终止生命比继续生命还要好，他有没有权利向医疗人员要求协助？而医疗人员是否有责任予以协助呢？从尊重生命（respect for life）的角度看，答案应是否定的。如果一个人要求我们杀害他，我们虽然明确肯定是他主动的要求但亦不可以这样做。"（第 82 页）这里作者由否定安乐死是一种积极权利，而否定安乐死是一种权利。但赞成安乐死的人，无须把安乐死视为一种积极权利。赞成安乐死的人，可以只是把安乐死视为一种消极权利。当事人要求别人协助，别人无责任协助，但如果有人愿意协助，却不可以说那些协助的人是犯错的。同样道理，赞成容许女性接受捐精人工受孕，意思并不是其他人有责任要捐精给她，也不是说医务人员有责任要为她进行人工受孕，而是说她接受人工受孕并不是错的，捐精给她的人没有错，为她进行人工受孕的医务人员亦没有错，如此而已。我们并不能因为其他人没有责任予以协助，而否定当事人有选择的自由。

第二，作者否定自主权可以作为支持安乐死的理据："病者自愿要求了结生命不足以构成可以采用安乐死的原因。如果一个普通病人要求医生了结他的生命，一般而言没有人会顺从他的要求。自主权原则（principle of self-determination）是有限制，并不是在所有情况下皆有。"（第 83 页）"如果安乐死是解除痛苦的最佳办法和生命可以因痛苦而变得没有价值，为何我们不能对没有决定能力的末期病患者（包括儿童、弱智人士、半昏迷或长期昏迷者)采用非自愿安乐死呢?"(第83页)一般人赞成自愿安乐死,是同时建基于病人自主权和病人利益两大论据。容许病人选择自愿安乐死,并不是病人要死便让他死,他要求死是有客观利益的根据的。安乐死的大前提是病人身患绝症,不久人世,并且处于苦痛之中(这不仅是一般人的判断,并且亦是他自己的判断)。赞成安乐死并不等于赞成协助他人自杀,因为自杀可以只是基于主观的理由,但安乐死却必定要基于客观的病情。在文章中,作者把病人自主权和病人利益两大论据割裂开来讨论。然而,单凭一个论据是不充分的,并不表示两大论据合起来亦是不充分的。

作者提出的第三个论据如下:"医务人员没有责任亦不应对病人生命的价值作判断。就算病者自己觉得其生命已再没有任何意义,医疗人员也不应该采取措施终止病人生命,或者协助/教唆病人了结自己的生命。"(第83页)其实,一概禁止安乐死,正是对病人的生命的价值作出判断——假定了安乐死不符合病人利益,假定了自己比病人更清楚他的利益所在。医务人员为病人进行截肢手术、堕胎以减低孕妇的风险,都是有行使价值判断的行为。问题的关键并不是医务人员有没有对别人的生命的价值作出判断,而是那些价值判断在道德上是否可以成立,与那些价值判断是否亦为当事人接受。

第四,"把安乐死合法化还会引致一些不良的社会效果。如果了结生命成为一个解决痛苦的认可办法,这样会大大打消医疗人员研究减轻病人痛苦的积极性"。(第83页)笔者的回应是:在考虑安乐死这问题时应着眼于病人自身的利益,对社会的影响应是次要的考虑。如果要从社会效果立论,赞成安乐死的人也可以提出大量理由。正如邱仁宗在同期《价值与社会》的文章中说:"虽然无数过早死亡的病人得到挽救,但同时在病房中住满了不可逆的昏迷病人、临终病人或伴随着不可救治的和不堪忍受的疼痛和痛苦的垂死病人、出生体重极低的新生儿，以及严重缺陷的婴儿，稀少的卫生资源大部分用在将生命延长几个小时、几天、几周或几个月上面，然而由于资源短缺，许多有希望的病人不得不过早死去，预防和控制疾病永远是个薄弱环节。"（第 62 页）引入社会效益方面的考虑只会令对安乐死的讨论更复杂化，其结果亦不一定是对反对安乐死的观点有利。

第五，作者认为："容许安乐死的施行还会破坏病人与医护人员之间的互信关系。病人会担心医务人员根本未尽全力照顾自己便让自己死去，甚至为了节省资源和减轻工作，说服病人接受安乐死。"（第 84 页）其实，要解决病人的这些疑虑并不困难，可仿效捐赠器官的安排。捐赠器官的病人亦可能会有疑虑，医生会否为了要取得病人器官而不尽力抢救？我们是否亦基于这些疑虑而否定容许病人捐赠器官？为了解决病人的疑虑，可以把抢救的医生和主持器官移植的医生分开，先由一组医生尽力抢救，如果不成功的话由他们宣布死亡，跟着由另一组医生接手，负责移植器官。这样可避免病人怀疑医生为了要他的器官做另外一个手术，而不尽力抢救他。同样道理，只要规定负责医治的医生与负责进行安乐死的医务人员不是同一人，并且全面否定不自愿的安乐死，病人便无须担心为自己诊治的医生会忽然为自己进行安乐死。

作者又说："最后，虽然有人认为安乐死只会应用在极度饱受病魔折磨或处于末期病状态，但是病人所感到的不适是否极难忍受是主观的，而末期状态的定义亦不清楚，所以，安乐死会有可能不公平地应用到不适当的病人身上。"（第 84 页）这个论点在推理上很有问题，我们不能因为给予个别的学生合格有主观的成分（个别学生的表现可能真的是介乎合格与不合格之间），而拒绝给予任何学生合格的成绩。纵使有一些难以判断的事例（marginal case），并不表示我们可以把能清楚判断的事例（clear case）亦一并抹煞。诚然有一些事例是难以判断当事人是否"处于末期病状态"、是否"极难忍受"，但不能因此而一并剥夺清楚属于"处于末期病状态""极难忍受"事例中的病人的选择自由。

不叫作被动安乐死的被动安乐死

最后，笔者想讨论的是作者对于被动安乐死的立场。作者认为：① 主动安乐死和被动安乐死在道德上都不可接受；（第 79 页）② "一般被称作'被动安乐死'的行为，实在不应理解为安乐死的一种。"（第 81 页）③ 中止治疗（即一般被称作"被动安乐死"的行为）在道德上可以接受。

作者提出一般人称为"被动安乐死"的行为其实不应称为安乐死，这点笔者可以明白。但难以明白的是，如果在行动上"中止治疗"与"被动安乐死"无分别，不称为"安乐死"只是理解问题，那么作者所反对的"被动安乐死"到底是怎么一回事？赞成"被动安乐死"的人到底赞成什么类别的行为是作者所反对的？为什么一旦名称改变，行动不变，原先反对"被动安乐死"的论据会突然变得完全失效？

第十一章

性骚扰为何不可？

什么是性骚扰？

不少人有一个习惯，就是"顾名思义"。遇到一些新名词，不少人的反应并不是阅读有关文献，认真了解名词的确切含义；而是单凭字面去联想，以名词的字面解释，视为名词的确切含义。时下不少人对"性骚扰"的理解正是一个典型的例子。

"性骚扰"（sexual harassment）是 20 世纪 70 年代新造的名词，用以表达女性由来已久又无以名之的一种经历。这个名词所要表达的概念并不是用"顾名思义"的方法所可以掌握的。

从"顾名思义"的进路看来，"性骚扰"自然就是与性有关的骚扰了。然而，如果将"性骚扰"理解为与性有关的骚扰，那么"性骚扰"并不是什么新鲜的概念。正德皇帝游龙戏凤，唐伯虎点秋香，也可以算是与性有关的骚扰，然则是否也是性骚扰？我们已经有"调戏""非礼"等概念，为什么还要提出"性骚扰"这个新名词呢？如果"性骚扰"确是一个我们有需要掌握的新概念，那么它必须包括一些传统概念，诸如"调戏""动手动脚""非礼"所未能表达的含义。

　　基于对"性骚扰"的顾名思义的理解，社会上有些人士对"性骚扰"的提法抱着怀疑的态度。他们会说，是否算是骚扰，是很主观的；是否算是性骚扰取决于对方是否接受。如果对方接受，就不算是骚扰；如果对方不接受，才算是骚扰。但以对方的主观感受作为判断有否性骚扰的标准是很危险的，因为被指为性骚扰的人可能是无辜的。他们可能只是开玩笑罢了，对方过于认真了。其次，对方可能并没有表示出反感，被指为性骚扰的人才因而相信他们的言行是无伤大雅的。

性骚扰有何不对？

　　要了解性骚扰为什么是一个问题，我们可以比较以下两个情况。第一个情况是一个女子在大街上走，一个陌生男子调戏她。如果那个男子对她说话，她是没有必要理会他的，更没有必要对他微笑。如果他竟然动手，那个女子大可呼救，甚至报警，或赏他一记耳光，她是没有必要对他客客气气的。一般的法例对这个女子已有足够的保护。然而，换了是另一个情况，问题便不是那样简单。如果对她说黄色笑话的是她的同事，对她动手动脚的是她的上司或教授，她可以因此与他们反目吗？如果她不客气地表达她的不满，她自己也可能要付出不小的代价。因此，她哑忍并不可以被视为同意。在这个情况下，一般的法例对她并没有足够的保障，因此才需要有性骚扰的提法。

　　米高·德格拉斯（Douglas）在电影《叛逆性骚扰》（*Disclosure*，1994）中有一句名言："性骚扰与性没有关系，而是与权力有关系。"这句话可能将话说得太过绝对，但并不是完全没有道理。与权力完全没有关系的"性骚扰"可归为调戏、滋扰、非礼一类。与权力有关的"性骚扰"

才是"性骚扰"这个课题的核心。虽然，性骚扰也可以在同事之间发生，不一定有权力上的支配关系。

　　研究性骚扰的学者，通常将性骚扰分为两大类。第一类是有敌意的工作环境（hostile environment）；第二类是滥用权力。有敌意的工作环境指的是有贬低或敌意成分的言语或行为，以及不受欢迎的性关注。例如，在工作间张贴性感照片，对女同事评头品足，或口头上占对方便宜，或借故摸手摸脚。又或说话故意语带相关，你说我口贱，我反说是你心邪。这些足以令当事人感到难受——要因此而辞职，固然心有不甘；如果反唇相向，更是自取其辱。至于第二类的性骚扰，则更为严重，包括威迫或利诱受害人提供性方面的好处。例如，就范可以得到升迁或好成绩，不就范会被裁员或给予不合格。这里性骚扰者运用的是他职位上的权力，而不是他自己的私人资源，对方亦可能是处于被威胁的状态，而没有真正自由的选择。因此，此情况与一般的性交易在本质上大有不同。

　　如果正如以上所说，性骚扰是出于有敌意的工作环境或权力的不恰当运用，谁有责任去对付性骚扰呢？明显地，工作的机构是有责任的，因为工作环境是工作机构营造的，权力亦是工作机构赋予的。而促使机构履行此责任则是政府的责任。

性骚扰的方式

　　最后要提的是性骚扰的方式，笔者认为亦可以分为两大类。第一类是可作其他解释的性骚扰，第二类是明目张胆的性骚扰。第一类的例子，如"油腔滑调"、不必要的身体接触，可以解释为开玩笑，或是社交上的接触（例如，引起注意、指路）。这类行为是否属于性骚扰是可以争辩的，但如果对方已清楚表示反感但仍有重复发生，将之视为性骚扰并非不合理。第二类的例子，如在没有其他合理解释下的摸手摸脚，以至性侵犯，单是发生一次已可以肯定是性骚扰。如果在受害人反抗下进行，根本就是非礼；如果受害人怯于侵犯者的权力而就范，则算是性骚扰。

以下讨论一些疑似性骚扰的例子：① 经理要赴欧洲出席会议，坚持要女秘书同行，女秘书说其他的女秘书并不用跟随经理到外地开会。经理却对女秘书说，她的合约即将届满，有可能不获续约，亦有可能马上得到晋升，全在乎自己的评语，并叫秘书要"识相"。女秘书向公司投诉，经理说是女秘书痴心妄想，他对女秘书完全没有不轨企图，并出示已订购的机票，显示他的妻子会与他同行。② 男同事对一个女同事心仪已久，终于鼓起勇气向她表白心意，但女同事却婉拒他。男同事认为是女方嫌自己不够诚意，自此每天徘徊于女同事周围，并不断致电对方，求对方赴会。

在第一个例子中，关键并不在于经理是否真的有不轨企图，而在于他的要求是否合理，及他是否有滥用职权。女秘书指出其他的女秘书都不用跟随经理到外地开会，可见经理的要求并不寻常，最少亦可以说女秘书的拒绝并不是无理。经理进而威胁她，要她服从，不服从的话可能不获续约，服从的话却可能获得晋升，已经属于滥用职权。他运用职位上的权力，企图操控女秘书，不容她有真正的选择。他纵使真的没有性侵犯女秘书的企图，亦不能洗脱他犯了性骚扰的罪名。

在第二个例子中，同事之间有追求活动是正常的事，不一定是性骚扰。追求不一定是受欢迎的，但也不可以把不受欢迎的追求一概视为性骚扰。但当女同事已经很清楚表明不接受追求，并且再三申明，男同事仍然如影随形，并且不断致电要求约会，就造成了有敌意的工作环境，令女同事难以正常工作。追求到了这个程度，便可算是构成性骚扰了。

结论

性骚扰并不可以被简单地理解为与性有关的骚扰，亦不可以视为纯粹主观，完全取决于当事人的感受。性骚扰主要是职场中的一种现象（最少亦涉及权力关系的处境），可大致分为两大类：① 有敌意的工作环境；② 滥用权力。

延伸阅读

Anita M. Superson，" Sexual Harassment"，in Hugh LaFollette（ed.），
　　Ethics in Practice，Oxford：Blackwell，1997.

Catharine A. MacKinnon，*Sexual Harassment of Working Women*，
　　New Haven：Yale University Press，1979.

Clare Brant and Yun Lee Too（eds.），*Rethinking Sexual Harassment*，
　　London：Pluto Press，1994.

Igor Primoratz，*Ethics and Sex*，London：Routledge，1999，Chapter 11，
　　"Sexual Harassment and Rape".

Terry Pattinson，*Sexual Harassment*，London：Futura Publications，
　　1991.

第十二章
克隆技术引发的伦理思考

新技术引发新的伦理问题

"我应该"表示"我能够"（"I ought" implies "I can"）是一个很基本的伦理学原则。如果我根本没有能力做一件事，那就不存在我是否应该做那一件事的问题。然而，随着科技日益发达，人类有能力做的事愈来愈多，这时候我们就要问：到底人类应该这样做吗？

新技术引发新的伦理问题，要解决新的伦理问题则有赖切合现实的伦理思考。我们不能仅诉之于传统的道德观念，原因不仅是因为传统的道德观念不一定对，而且传统的道德观念对于新出现的伦理问题根本不能提供清晰的指导。克隆人就是一个好的例子。现代人面对这个问题要认真思考，自己作判断，因为这是一个前人未想过的问题。

克隆技术可以做什么？

克隆技术随着 1997 年克隆羊的出现而知名于世。既然羊可以克隆，克隆人亦不是不可能的了。克隆技术除了可以应用于生殖用途，亦可以应用于非生殖的用途。在对克隆技术进行伦理判断的时候，我们宜把将克隆技术用于生殖用途（reproductive use of cloning technology）与将克隆技术用于非生殖用途（non-reproductive use）分开处理。将两者分开处理的好处是：纵使将克隆技术应用来制造克隆人是错的，亦不表示我们要把克隆技术在非生殖方面的使用亦一并否定。

非生殖用的克隆技术可望用来治疗患有老年痴呆症，及提供移植用途的器官。我们可以从病人身上取出细胞，将其中的基因植入一个去掉细胞核的、未受精的卵子细胞内，令这个卵子细胞好像正常的受精卵子般作出细胞分裂，成为不同功能的分化细胞（例如，有些成为心的细胞，有些成为眼的细胞）。假设我们能够控制分化的过程，我们可以只造出一个器官而不是全部生命。由于这个器官有着与病人完全相同的基因，所以很容易被病人的身体接受。此外，掌握了人体组织如何再生，亦可以让我们帮助老年痴呆症患者制造如婴儿般的新鲜活泼脑细胞。

除了制造身体器官外，克隆技术还可以用来克隆带有人类基因的动物。例如，将载有人类某器官基因的片段接驳到猪的基因，利用克隆技术将之植入去掉细胞核的猪的卵子中，放回母体内孕育出带有人类个别器官的猪，再用克隆技术，制造出多只相同的猪，由此而得出多个可供移植用途的人类器官。

制造带有人类基因的动物，涉及滑坡（slippery slope）的问题。如果制造的只是带有少量人类基因的动物，似乎无可厚非，因为制造出来的动物除了具有个别的人类器官外，与其他动物无异，我们对待该等动物的态度亦可与对待其他动物无异。然而，如果将人类基因大幅地接驳到动物的基因，会模糊了人类与动物之界线，半人半兽的生命亦可能因为具有人的某些特点而变得有某些特殊地位。所以,带有多少人类基因才可以被接受,是一个有待解决的问题。

然而,克隆技术之所以受到争论,主要是关于克隆人的问题。笔者在下面的讨论主要是集中在这个问题上。笔者的意见有三点:① 克隆人不是在原则上一定不可以造;② 纵使有克隆人的技术,人们没有权利使用它来生育下一代;③ 现时克隆技术仍不成熟,在现时尝试克隆人类,是不负责任的行为。

制造克隆人不是一定不可以

有些人担心,克隆人会造成身份混乱,因为克隆技术会制造多个相同的人。这个忧虑其实是建基于严重的误解。第一,克隆人所克隆的只是基因,意识并不能被克隆,因此,克隆人与被克隆者是两个独立的个体,两人有不同的思想、行为。第二,克隆人如一般人一样都要经过孕育的过程,克隆人只是由成熟细胞取出基因,将之植入一个去掉细胞核的未受精的细胞内,再放入母体内孕育。因此,克隆人会造成身份混乱的说法并不成立,因为克隆人和被克隆者两者的年龄大有差距,由于环境及经历不同,他们的生活经验以至所作的抉择都会大大不同。

如果同一时间,克隆大量有相同基因的人,确实会造成不必要的混乱,但如果一对夫妇基于某些原因不能生育,希望用丈夫或妻子的基因克隆小孩;或小孩因意外夭折,夫妇希望孕育相同的小孩,并不见得会为社会带来混乱。

至于担心克隆人被人奴役、实验,或提取器官作移植用途,亦是不能成立的。

问题的关键是:克隆人只是出生方式与一般人有分别,他本身是一个不折不扣的人。他是一个独立的个体，有自己的思想与感情。因此，他的权益亦像一般人一样要受到保护。克隆一个人出来，孕育及养大他，以使他成为自己的工具，其不道德与奴役一个普通人没有分别。克隆一个人，再从其身上取出器官作移植用途，实在无异于谋杀，最少亦是非法禁锢及严重伤人，其不道德亦与一般的谋杀、非法禁锢及严重伤人无异。至于将克隆人作实验用途，其不道德亦与将一般人作实验用途的不道德没有分别。

利用克隆技术生殖并不是一种权利

有学者从生育的自主权立论，认为人有生育的自主权（procreative autonomy），可以决定自己是否生育及如何生育。如果克隆是一种生育方式，则人们有权选择是否采用克隆的方式生育，其他人不得干预。[①]

我认为以上的论点并不合理，生育涉及的不但是夫妇两人，还要考虑孩子的预期幸福。如果克隆出来的孩子不会有幸福，夫妇俩仍然坚持要制造孩子是不负责任的行为，他们俩并没有权利这么做。

问题是：如果夫妇为自己的利益而在没有充分考虑到孩子将来的利益而生育克隆人是错的，为什么一般男女又可以随意生儿育女？

严格来说，我认为生育之前先考虑子女的幸福的确是一个道德责任，如果子女很有可能不幸福，但仍把他带到世上是不负责任的表现。然而，一般人的生育实在不宜干预，因为这是对个人的私生活和基本自

① John Harris, "Clone, Genes, and Human Rights", in Justine Burley (ed.), *The Genetic Revolution and Human Rights*, Oxford: Oxford University Press, 1999, pp. 88 – 94 in particular.

由的粗暴侵犯。但以克隆的方法生育，却不是私生活的一部分，因此受较严格的监管是无可厚非的。

制造克隆人现时并不是时候

现时的克隆技术仍然处于草创阶段，克隆技术对克隆出来的生物有何深远的影响，现时仍处于摸索阶段，例如，在克隆羊出现差不多两年后，科学家才发觉克隆生物会较容易患上癌症及较早衰老。其原因在于克隆动物用的是成熟细胞，此成熟细胞的基因，虽然在放进脱核的卵子后可以重新启动分化成不同细胞的程序，但保存了成熟细胞较易有剧变的特色。以上的发现可能只是冰山一角。在此情况下贸然将克隆技术应用在人类身上其实是很危险的。

其次，现时克隆动物并未有完全把握，往往是过百次尝试才有一次成功，造成极大的浪费。如果应用在人身上，可能要死掉一百个胚胎（或生出一百个怪婴），劳烦了一百个妇女怀孕，才可能成功地克隆一个人。我们不需要作深入的道德思考，单从后果方面考虑已可看出在现阶段尝试克隆人类是不应该的。

此外，克隆人以后再生育，是否对后代的基因有长远的坏影响，在现时仍是未知数。因此，此时尝试克隆人类，除了为科学家带来一点虚名之外，对人类没有任何好处。

笔者的结论是，克隆人类并不是绝对的不道德，并不可断言永远也不应该做，但在现阶段急于尝试，肯定是不道德的。

第十三章
香港的贫富悬殊问题

问题的提出

根据历年来的统计数字,香港贫富悬殊的程度愈来愈严重。量度入息分配平均程度的基尼系数(Gini coefficient),由 1971 年的 0.43、1981 年的 0.45,持续上升至 1991 年的 0.48,2006 年更达到 0.533。虽然在这三四十年内穷人的生活也可算是有所改善,但贫与富的差距却越来越大。[1]

以上是纵观,我们再来横看。与外国城市相比,香港贫富悬殊比美国城市更严重,量度贫富差距的基尼系数超过美国,其贫富差距更是亚洲第一。[2]

---

[1] *2006 Population By-census: Thematic Report – Household Income Distribution in Hong Kong*, Hong Kong: Census and Statistics Department, 2007, p.14.

[2] HABITAT, State of the World's Cities 2008/2009: Harmonious Cities, London: Earthscan, 2008, pp. 64, 74. 转引自 Stephen Wing-kai Chiu and Siu-lun Wong (eds.), *Hong Kong Divided: Structures of Social Inequality in the Twenty-First Century*, Hong Kong: Hong Kong Institute of Asia-Pacific Studies, The Chinese University of Hong Kong, 2011, p. 1.

更进一步环视全世界。贫富悬殊其实是一个全球性的问题。联合国开发计划署(United Nations Development Programme)指出,最富有的五分之一与最贫穷的五分之一,收入的差距愈来愈大,由 1960 年的 30 比 1,增至 1997 年的 74 比 1。联合国人类发展报告(*Human Development Report*)指出,1994 年至 1998 年,全球最富 200 人,财富由 4 400 亿(美元)增至 10 042 亿(美元),相当于全球 41% 人口的总收入。同一时间之内,全球共有 13 亿人收入不足每日一美元,而此数字在此数年间却没有变动。比尔·盖茨(Bill Gates)与美国沃尔玛(Walmart)超市的拥有者沃森(Watson)家族,总财富相当于全球 36 个最不发达国家的国民生产总值。①

贫富悬殊是一个事实,但此事实是否应该改变? 贫富悬殊是否有违社会公义? 如果我们追求一个公义的社会,是否应该消灭或减低贫富悬殊? 到底何谓公义? 一个公义的社会可否有财富不均以至贫富悬殊的情况出现? 一个贫富悬殊的社会,是否在社会公义上出了问题?

为何会接受贫富悬殊

首先,我们看看反方观点,即认为贫富差距以至贫富悬殊并无不公义。为什么有人会认为财富不均没有违背公义? 常见的理由有以下几个:① 历史论;② 才华论;③ 机会论。

历史论认为,贫富悬殊是否不公义,要看过去发生过什么事。如果富人是靠偷窃、欺骗的方法获取财富,曾掠夺贫穷者的财产,亏欠了他

---

① United Nations Development Programme, *Human Development Report 1999* (New York), pp. 37, 38. 转引自 Alex Callinicos, *Equality*, London: Polity, 2000, p.1。

们，那么现时的贫富差距自然是不正当的，但如果富人不曾亏待穷人，他们并不需要因为他们的财富远较他人为多而感到内疚。

20 世纪 50 年代香港有大量贫穷人士，他们很多都是由中国内地来港的。他们虽然贫穷，但并不认为香港的有钱人对他们有所亏欠，他们的贫穷并非有钱人造成，他们不会仇恨有钱人，有钱人亦不觉得对穷人要负什么责任。[①] 以下的说法很能代表那个历史阶段香港人的一般看法。

> 50 年代初来香港的难民，总共有 100 万人。为了应付骤增的人口，不要说食物和房屋，连水也严重缺乏，香港人怎会不贫困……自己的贫穷并非谁人故意造成，也非马克思所说的阶级剥削的结果。那时的穷人，可说全是外来者，他们本来并不住在香港。所以，香港虽然有成千上万穷人，却没有动乱，也没有阶级矛盾，或仇视有钱人的表现……不少外国人初到香港，看到有钱人出入坐劳斯莱斯，住花园洋房，穷人挤迫在狭窄的公屋里，居住面积比有钱人的厕所还小。他们感到惊讶：穷人为什么不反抗？当然，他们看的是表面的现象，他们不明白，香港的穷人是怎样产生的，最少在 50 年代里，穷人都是心甘情愿的来到这个社会，有钱人不是他们的敌人，他们的敌人是贫穷本身。[②]

随着香港在 20 世纪 70 年代经济起飞，社会上开始有一部分人先

---

① 这个看法可以用诺齐克的财产权理论（entitlement theory）来说明，只要财产的获得及转移符合公正的程序，则财产的不均并无不公义之处。参看 Robert Nozick, *Anarchy, State, and Utopia*, Oxford: Basil Blackwell, 1974, pp.149 - 153。
② 周永生：《目睹香港四十年》，香港：明报出版社，1990，第 10—11 页。

富起来,他们或被认为是比较勤奋,更能把握市场的动态,或更能迎合市场的需要。1993 年,香港廉政公署推出了一套名为"才俊"的宣传片,此宣传片要宣传的是公平,但却为不平均辩护:"公平并不是各人都同样赚 100 元。公平是有 100 元才能的人赚 100 元,有 20 元才能的人赚 20 元。这就是公平。可能今天你赚得比我多,但如果我的才华比你多,终有一天我会赚得比你多。"①

　　这个对财富不均的看法可以称为"才华论"。一个人收入的多少,要看那一个人的本事,越有本事的人赚得越多,有志气的穷人只可努力上进,力争上游,而不可埋怨别人比自己富有。

　　第三个看法可称为"机会论",这个看法并不认为财富与能力成正比,有些人变得富有可能只是因为他们幸运。虽然不是一分耕耘一分收获,但人人都有机会成为幸运儿,香港社会虽然不平等,但有公平机会,香港人不一定会发达,但人人都有发达的机会,可能是通过中彩票、买股票、买房屋而致富。② 这个看法在香港曾经颇有市场,正如周永生在其新著中所说:"回归前,市民仍认为自己有发达的机会,看见别人发财,自己也雄心勃勃。"③

　　然而,以上的三种看法在当今的香港已难以为人所接受。50 年代来港的新移民,并不认为香港社会对他们有什么亏欠,但今天的香港人是土生土长的一代,他们认为香港是他们的家,自觉是香港的主人。历史论在 50 年代可算是相当合理,但在今时今日已经脱节。才华论与机

---

① http://www.youtube.com/watch? v=kqLVoLPH1Po&list=PL50322BA21C07F269.
② 参看吕大乐所说的"香港梦"(吕大乐 2015:pp. 117 - 118);吴晓刚(Xiaogang Wu)提到内地及香港人均认为自己有机会发达,所谓"香港梦"在今天仍然有市场(Wu, 2011; Chiu and Wong, 2011: p. 18)。
③ 周永生:《真实的贫穷面貌——综观香港社会六十年》,香港:中华书局,2014,第 177 页。

会论亦明显地不符事实，资本赚取资本的能力，远比其他因素为高，世代贫穷的现象，显示机会也不是人人可有。[①] 以上的三个为贫富悬殊辩护的理由，可以说是彻底破产了。

公义与平等

什么是公义(justice)？公义和平等(equality)是否同一回事？希腊哲学家亚里士多德(Aristotle, 384 - 322 B.C.)为"公义"下了一个定义，带出了公义与平等两者的微妙关系："公义即对平等者予以平等对待"(treating equals equally)。

这个定义将公义和平等拉上关系，但又不是简单地将两者视为同一回事。公义并不是对每一个人平等对待。假使有一百个被告，判他们各打三十板，然后放人，并不合乎公义，因为他们各人的情况并不相同，这只是"对不平等者予以平等对待"(treating unequals equally)。他们是不平等者，故应予以不平等对待，才可以合乎公义。

但问题是："怎样才算是平等者呢?"如果要每一方面都完全相同，那么"对平等者予以平等对待"是不能实行的，因为世上并无两人是完全相同者。如果所谓"平等者"并不需要各方面都平等，只需要某些方面或是相关方面平等(equal in relevant aspects)就可以了，那么我们便要问："哪些方面才是相关的?"

亚里士多德所下定义的缺点并不是它有什么地方不能为我们同意，而是它太空泛了，以致对公义有完全不同理解的人都可以赞成他的

[①] 用资本赚取资本的速度，远高于经济增长的速度，自 19 世纪已然，于今尤烈——此乃《21 世纪资本论》(*Capital in the Twenty-First Century*)(Piketty, 2014)一书中的重要论述。

说法。

支持奴隶制的人也可说奴隶制是公义的,因为他们对平等者予以平等对待,以对待贵族之道对待贵族,以对待奴隶之道对待奴隶。贵族与奴隶并不平等,故无须平等对待他们。

承接着亚里士多德的说法,公义并不等于对各方面有平等的对待(equal treatment),只表示对各方面的利益有平等考虑,对相同的事例有相同的处理。但问题是:"怎样才算是平等地考虑了各方面的利益? 如果对每一个人的利益同样重视,仍然会容许社会上有不平等的现象吗?"

个人权利与政府职责

我们讨论贫富不均是否有违社会公义,可以由自由主义(liberalism)谈起。

按照英国哲学家洛克所开创的自由主义传统,每一个人的生命是属于自己的,并不是其他人、团体以至整个社会可以运用的资源的一部分。

个人属于自己,也就是说他拥有自己的生命、身体。其他人杀害他、禁锢他或残害他就是侵犯了他的权利。他既拥有自己的身体,因此,他凭借自己的劳力生产出来的东西便是属于他的。

这样说来,人有权拥有自己生产出来的物品。但现在我们拥有的物品每每不是我们自己生产的,这是否表示我们拥有那些物品是不公义的? 不是。因为一个人可以将生产的物品赠送别人,或与别人做交易。我拥有我生产出来的物品是公义的,我有权按我的意愿处置我拥有的物品,我可以送给你或卖给你,于是你有权拥有我生产的物品。也就是说,你拥有那件物品是公义的。因此,一个人可以合乎公义地拥有一些不是他自己生产的物品。

如果一个社会的贫富不均现象是由于富人用不正当手段欺骗、剥削贫穷的人而造成的，这种贫富不均当然有违公义。但如果富有的人采用正当的手段累积财富（例如，他父亲、叔父把财产通通自愿地送给他），则纵使他很有钱而其他人很穷，亦不见得是不公义的。

按照以上的看法，只要富人的财富是正当手段得来的，社会上有人很有钱、有人很穷，并不表示有不公义存在。也就是说，我们不能仅由社会有贫富不均甚至贫富悬殊现象，而断定这个社会是不公义的。

如果贫富不均并不是由于有不公义而造成，政府要拉近贫富距离反而是不公义的。例如，政府向富人多收些税，以取得多些资源作为社会福利，这不啻是慷他人之慨，劫富济贫。做善事当然是好事，但只能听凭人们的意愿，如果由政府用税款去做，就等于强行从纳税人身上取钱去津贴其他人，这样不但不是促进公义的行为，反而是不公义的。

总括以上的论点，一个贫富不均的社会可以是公义的。只要富人是用正当手段获得财富，只要穷人之所以穷不是由于富人的侵害而导致的，则社会上纵使有人很有钱、有人很穷，亦不是一个不公义的社会。

从贫富不均到贫富悬殊

纵使以上说法有道理，一个贫富不均的社会不一定是一个不公义的社会，一个公义的社会可以容许贫富悬殊的情况存在，但可以容许贫富悬殊的情况不断恶化吗？政府对于社会上贫穷的人是否有照顾的责任？如果有的话，又怎能不从社会上其他人身上抽取资源以完成这个责任？如果一个社会上富有的人极度奢侈浪费，贫穷的人连基本生活也成问题，贫穷的人可能只是因为不幸而不是富人的剥削以致如此，但富人却对贫穷的人的苦境坐视不理，这个社会还可以是一个公义的社会吗？

公义与无私

富人对穷人有没有责任？各人对这个问题会有不同的看法，原因是各人有各人的文化背景、利益所在。

人们平常之所以不能正确判断怎样才是公义，一个重要的理由是因为他们有偏私。要决定怎样的制度才算是公义（例如，是否应向富人多收税款以作社会福利之用），最好的方法就是："忘记了自己是谁。"

以下一个故事最能说明这点。一个婆婆向别人诉说她的苦境："我真是家门不幸了，竟然有这样的一个媳妇，她常常将我们家的东西取回娘家。幸而我的女儿还不错，她时常从夫家取东西回来。"如果我们只是问这个婆婆说，一个妇人（可能是她的媳妇，可能是她的女儿，可能是其他人）从夫家取东西回娘家，这个妇人做得对不对，她的判断应该更加公道。

如果我可能是一个高收入的人，亦可能是一个失去工作能力的人，我会认为政府对失去工作能力的人应有多少的照顾呢？如果政府对失去工作能力的人全无照顾或是有很少照顾，万一我成为一个失去工作能力的人，我又何以为生呢？如果政府对失去工作能力的人有极阔绰的津贴，万一我是高收入的人，我岂不是会有很重的负担？综合来看，我会赞成政府对有需要的人提供援助，最少可以令他们过安稳的生活，但又不至于赞成将富裕者的收入与匮乏者对分。

当代的美国哲学家罗尔斯认为要决定怎样才算是公义，最好先问在什么情况之下一个人最容易作出公义的决定，再问在这个情况之下他会作出怎样的决定，这样便可得知公义的决定是怎样的。罗尔斯认为一个人在不知自己的身份而又企图理性地追求自己的利益的情况下最容易得出合乎公义的决定，而在以上的情况下，这个人会作较坏的打算，保障在最坏的情况下亦不至于有太坏的后果。这时他会根据以下的两个原则作出决定，罗尔斯由此推论以下这两个原则就是公义的原则——要决定一个制度是否公义就要看这个制度是否符合以下两个原则：

（1）基本自由要人人平等，愈多愈好。

（2）社会及经济上的不平等可以容许，但必须符合两个条件：

（甲）不平等对社会上最不受惠者（the least advantaged）会带来更大的利益；（乙）每个人有平等机会成为不平等中的更受惠者。（Rawls，1973：302）

每个人的基本权利，例如行动、言论、集会的自由是一定要受到保障的。因为纵使我不知道我是社会上的哪一个人，我亦可肯定我需要这些自由。这些自由是不论我采取哪一种生活方式，做生意也好、做和尚也好，都是需要的。这些自由并不能以促进其他人以至社会整体更大的利益为理由而牺牲。

经济利益及社会地位、权力的分配亦应尽量平等，但假如不平等对于任何人都没有害处，则不平等不一定是一件坏事。假设我们要从两个制度中作出选择，甲制度更平等，乙制度会出现不平等，但如果乙制度之下，每个人的得益——包括最低下阶层的得益都比甲制度好，我纵使不知道自己是乙制度中的哪一个，为了我的利益，我也会选择乙制度而不选择甲制度。

罗尔斯的公义原则显示贫富不均可以是合乎公义的，只要这个容许贫富不均的制度对社会上最不受惠者亦带来利益。为最不受惠者带来愈大的利益就愈是公义。

比如说,私有制和自由市场比起公有制和计划经济会带来更大的不平等,但我们可以说私有制和自由市场不公义吗? 这就要看看在两种制度之下的最不受惠者,哪一个会得到更大的实质利益。如果在第一种制度之下的最不受惠者的利益亦比第二种制度下的最不受惠者优越,则第二种制度并不比第一种制度合乎公义。

公义与社会政策

罗尔斯的公义理论可以解释为什么向纳税人多征收不花在他们身上的税款,以作社会福利之用,是合乎公义的。改善最不受惠者的境况是合乎公义的。

增加利得税的税率也是合乎社会公义的,但增加的幅度却不可以过大,否则人们牟利的动机降低了,整体的生产降低,随之而收到的税款亦可能减少。如此一来,用以改善最不受惠者境况的资源不加反减。这样对最不受惠者反而不是最好的。

至于输入外地劳工政策,则明显是违背公义的。输入工资较低的外地劳工,以降低生产成本,得益的只是资本家,工人不但没有好处,收入更会受到打击,造成贫者愈贫,富者愈富。这种不平等对社会上最不受惠者完全没有好处,所以并不合乎公义。

公义社会的社会福利

社会福利被一些人讥为免费午餐。提供多些社会福利就好比用公家的钱派发免费午餐,必然加重政府的负担,也就是间接加重纳税人的负担，这好比付出沉重的代价，去做一些不很重要的事。

然而，将社会福利形容为免费午餐是很误导的。免费午餐是可有可无的东西，得到了我们不会怎样感激，得不到也不会感到怎样可惜。将社会福利说成免费午餐，等于将社会福利定性为替普罗大众多找些"着数"（好处）。

问题的关键是：提供社会福利应去到哪一个限度呢？如果福利要做到为一般人找多些"着数"，令他们生活得更惬意，那无疑是太滥了。这种社会福利无必要，代价亦太大。但是提倡要有多些社会福利的人是否只能是这样无节制地要多些"着数"？

提供社会福利的其中一个限度是保障人们的基本需要得到满足。一个人要生存，就有若干需要有待满足。这些对生存而言必须满足的需要，有别于为生活丰盛、有意义而有的需要，可被称为基本需要。一个人的基本需要不能满足，不一定因为他自己懒惰，或别人剥削他。例如，一个一家四口的家庭生活幸福，但因一次意外，父亲死去，母亲残疾，这个残疾母亲带着两名子女，如果没有社会的援助，如何可以生活下去？又例如，一个人不幸染上恶疾，为治病需要应付昂贵的医疗费，如果要他自己负担，他可能负担不来而要病死了。

如果社会福利只限于保障基本需要，那么现时的香港已可算是做到了，并没有人会因为得不到公共援助而困苦到要饿死或病死。按照这个原则，却解释不了为什么香港要进一步提供多些社会福利。

然而，以保障基本需要为提供社会福利的原则恐怕是过于狭隘了。这个原则太保守，只是要求人们不至于饿死、病死便算。这并不算是对社会成员的有效保障。

在我们的社会已经到达了较丰足的阶段，可以考虑以下的一个提供社会福利的原则：社会福利要足以保障社会成员的最低度的合理生活(minimally decent life)。这个"最低度的合理生活"可由当时社会上的一般人凭其常识判断。最低度的合理生活不应包括三房两厅的住宅,但每人数十平方呎(1 平方呎＝0.093 平方米)的居住面积总该有吧? 最低度的合理生活不应包括每餐三菜一汤,但总不能够每餐只有足够钱吃面包吧?

只要我们能定出一个最低度的合理生活的指标,提供社会福利仍然是极有节制的。

参考书目

Alex Callinicos, *Equality*, Cambridge: Polity, 2000.

Aristotle, *The Politics*, Cambridge: Cambridge University Press, 1988.

John Locke, *Two Treatises of Government*, Cambridge: Cambridge University Press, 1988.

John Rawls, *A Theory of Justice*, Oxford: Oxford University Press, 1973.

Robert Nozick, *Anarchy, State and Utopia*, Oxford: Blackwell, 1974.

Stephen Wing-kai Chiu and Siu-lun Wong (eds.), *Hong Kong Divided: Structures of Social Inequality in the Twenty-First Century*, Hong Kong: Hong Kong Institute of Asia-Pacific Studies, The Chinese University of Hong Kong, 2011.

Thomas Piketty, *Capital in the Twenty-First Century*, Cambridge, MA: Harvard University Press, 2014.

Xiaogang Wu, "Inequality and Equity in Income Distribution: Hong Kong and Mainland China in Comparative Perspective", in Chiu and Wong 2011，pp. 277 - 311.

吕大乐：《香港模式：从过去到现在式》，香港：中华书局，2015。

周永生：《目睹香港四十年》，香港：明报出版社，1990。

周永生：《真实的贫穷面貌——综观香港社会六十年》，香港：中华书局，2014。

第十四章
个人、家庭与知情同意

个人与家人在知情同意的角色

现代西方社会惯常采用以个人为本位的医疗决策模式,但近年有学者提出家庭在医疗决策中应占更重要的位置。例如,范瑞平指出:

> 西方的医疗决策模式向来崇尚个人主义,中国的医疗决策模式则侧重家庭主义。两种不同的医疗决策模式,代表两套不同的整体道德观,用以看待人的生命及人际关系。(Fan, 2002:347)

范瑞平如此解释儒家式的替代方案:

> 与之相对,儒家认为理想的人际关系,其特点在于以人性为原则。在儒家的论述中,人性构成了人类个体的基本美德,也是人类社会之根本……儒家认为,这五种关系代表了人类社会所有类型的重要自然关系,并构成了人类社会的基本形态。儒家的观点是,

> 人性要求一个人付出爱，但人在付出爱的时候，必须按既定的顺序予以区别，并注意各类人际关系的相对重要性。因为不同类型的关系会传达不同的道德意义，而这些道德意义与对人性的要求相关。按儒家的要求，爱需要在特定的人际关系中，体现为具体的美德。(Fan，2002：356)

笔者对以上的观点，不尽同意。笔者认为，虽然儒家思想将人际关系作为人类的道德基础，而且强调家庭对人类道德生活的重要性，但儒家的这些特点，并不代表儒家的本质是家庭主义(familism)。家庭本位的医疗决策模式，与儒家重视每一个人的本分(不同的位置及责任)的伦理观念，更是大异其趣。

什么是人类道德的基础？儒家的看法很简单：人类道德建基于人际关系，而人际关系源于人性与人情。(Yu and Tao，2012)我们与其他人之间存在关系，例如父母和兄弟姐妹。根据儒家的伦理，这些自然的人际关系构成了大部分人类道德的基础。如《易经·序卦传》所言："有天地然后有万物，有万物然后有男女，有男女然后有夫妇，有夫妇然后有父子，有父子然后有君臣，有君臣然后有上下，有上下然后礼义有所错。"(Legge，963：435-436)《易经·序卦传》的这段文字，在《汉书·艺文志》中被概括为"有夫妇父子君臣上下，礼义有所错"。(颜师古注："错，置也。")(班固，1962：1710)将人伦关系作为道德基础的意思表达得十分清楚明白。

另一方面，我们也会以其他身份与人建立其他关系，例如政府官员或医护人员，这些身份和关系是我们的伦理责任基础。孔子说："不在其位，不谋其政。"曾子进一步补充："君子思不出其位。"(《论语》14.26；Lau，1992：141)《孟子》亦提到，"孔子尝为委吏矣，曰：'会计，当而已矣。'尝为乘田矣,曰:'牛羊茁壮,长而已矣。'"(《孟子》5B5;Lau,1984:213)以上的言论明显说明人的责任亦来自其职业身份。

"人伦"为中国的传统道德概念,意指人际关系,而道德之本就是人伦。世上有各种不同的人际关系,会带来各种不同的道德义务。与之相对,西方的道德概念以公正无偏(impartiality)为重心。① "人伦"或人际关系,是以个人为本位,以个人为参照点(reference point)去界定。例如,父子、夫妇、兄弟,皆相对于自己而言。此处所指的人际关系为个体与个体之间的关系,而非个体与集体(家庭或国家)之间的关系。多位前辈学者早已指出,中国特色的道德观念的重点不在于个体或者集体,而在于关系。(Liang,1989;King,1985)因此,儒家提倡的不可以算是个人主义,亦不可以算是集体主义。

所谓以关系为基础,指的是一个人对另一个人的道德责任,由两者的人际关系类型,以及该人于该关系之中所处之位置而定。《论语》有云:"君君,臣臣,父父,子子。"(《论语》12. 11;Lau,1992:113)意指每个人行事都应恰如其分。每个人的身份都不一样,而身份是由每个人于不同的人际关系所处的位置而定的。儒家经典经常引用"五常"或"五伦",即五种主要的人际关系,例如,《孟子》曾列出各种人际关系中的责任:"父子有亲,君臣有义,夫妇有别,长幼有序,朋友有信。"(《孟子》3A4;Lau,1984:105)这里提到了五种关键的人际关系("伦"),以及其原则("常")。②

---

① 此乃内格尔(Thomas Nagel)在其著作《平等与无偏》(*Equality and Impartiality*)(Nagel,1991)对西方主流哲学家所给出的描述,西方哲学家如康德、黑尔、罗尔斯与此描述相当吻合。

② 有些学者形容儒家伦理为角色伦理(Hansen,1993:72;Ames,2011)。在讨论儒家"人"(person)的概念的时候,罗斯文(Henry Rosemont)强调角色的重要性:"如果我们否定人是自由、自主的权利持有者,我们有何取代方案? ……对早期的儒者而言,并没有一个孤立存在的自我,可以被完全抽象地检视。我就是我与其他人在关系中的所有角色的总和。"(Rosemont,1991:71-72)

　　五种主要的人际关系之中，有三种属于家庭关系（即父子、夫妻及兄弟）。因此或会予人一种印象，以为儒学中以关系为基础的伦理与家庭息息相关。另一方面，家庭显然是儒家道德实践的一个重要范畴。例如，《孟子》说道："人有恒言，皆曰'天下国家'。天下之本在国，国之本在家，家之本在身。"（《孟子》；Lau，1984：141）

　　与以个人为本位的模式相比，儒家思想更强调人际关系及家庭的角色。不过，以上的观察是否能够支持"儒家伦理是一种家庭主义"这个说法？笔者认为并不能够。

儒家伦理不是家庭主义

儒家伦理与家庭主义有很大的不同，以下是几个重大的区别。

一、多元价值抑或家庭价值？

　　首先，家庭只是儒家众多的价值之中的一个价值，并非最高的价值，更不是唯一的价值。每当家庭与其他价值发生冲突时，应当从中权衡，而不是将家庭奉为神圣不可侵犯，凌驾其他一切的价值。更准确地说，儒家思想的立场是多元价值观，而不是赋予家庭至高无上的道德地位。对儒家来说，真正的道德挑战在于平衡不同的价值观，而不是为不同价值定出高下。根据这个观点，伦理的任务不仅是辨别是非善恶，还要在当各种美善互相冲突时，作出更周全的判断和抉择。个中的关键在于求取平衡、中庸，而不是在不同价值之间作出相互排斥的取舍。（Yu，2010a；Yu，2010b）

　　王国维指出，孔子非常推崇对中国文化、文明影响深远的周公，而其所创立的周朝制度，正是以三个核心价值为基础："尊尊"（尊敬地位崇高的人)、"亲亲"(亲近和自己有关系的人)、"贤贤"(任用才德兼备的人)。(王国维,1973:51-80)这三种价值都非常重要,但各自都有严重的不足之处。尊敬地位崇高的人,是维护稳定及秩序的必要条件;亲近和自己有关系的人,则对促进社会凝聚至关重要;而任用才德兼备的人,是促成善政不可或缺的元素。这三种价值均有其重要功能,因此必须在合理的范围内予以最大的兼顾。所以,真正重要的问题不是三种价值之中何者更为重要,何者应凌驾其他价值,而是如何尽可能同时实现三者,或如何在这三个方面取得良好的平衡。

《中庸》说的善政,包含了九条原则,即"九经":修身、尊贤、亲亲、敬大臣、体群臣、子庶民、来百工、柔远人、怀诸侯。(Legge,1971:408-411)真正的难处不是将其中一些项目做得尽善尽美,而是尽可能多方兼顾。

儒家的多元价值观究竟是什么?多元价值究竟是三种还是九种?在多种价值互相冲突时,我们应如何取得适当的平衡?这些问题都很重要,但都不是我们要在此解答的问题。我们目前只需肯定,儒家主张多元价值,家庭只是儒家的价值观体系中的其中一面,将儒家伦理归类为家庭主义,是过度简化,乃至误导。

二、关系本位抑或家庭本位?

另外需要注意的是,即使儒家否定个人主义,也不代表儒家必须与诸如社群主义或家庭主义等形式的集体主义联系在一起。

梁漱溟(1893—1988)、费孝通(1910—2005)等中国社会及文化的杰出学者曾指出,中国社会既非以个人为基础,亦非以集体为基础,而是以关系为基础。个人权利和集体利益,都不是决定性的考虑。

根据费孝通的说法,中国模式是"以自我为中心"的,而"自我"是通过各种类型、程度的关系,与不同的人联系在一起:

我们的社会结构本身和西洋的格局不相同的，我们的格局不是一捆一捆扎清楚的柴，而是好像把一块石头丢在水面上所发生的一圈圈推出去的波纹。每个都是他社会影响所推出去的圈子的中心。被圈子的波纹所推及的就发生联系……以"己"为中心，像石子一般投入水中，和别人所联系的社会关系，不像团体中的分子大家立于一个平面上的，而是像水的波纹一般，一圈圈推出去，愈推愈薄。在这里我们遇到了中国社会的基本特性了。我们儒家最考究的是人伦，伦是什么呢？我的解释就是从自己推出去的和自己发生社会关系的那一群人里所发生的一轮轮波纹的差序。（费孝通，1991：29；Fei，1992：65）

梁漱溟在《中国文化要义》(1989)一书中，将中国社会与个人本位和社会本位两种模式对比。他认为个人本位及社会本位同属西方的组织模式，前者代表为英国、美国，后者代表为苏联。梁漱溟亦明确否定中国是以家庭为本位的社会，他认为中国社会是以关系为本位的。首要的考虑不是自我或者集体，而是个人身处的各种关系。在关系本位的伦理之中，最关键的问题不是"什么对个体或集体最为有利"，而是"什么对关系最为有利"。重点是，根据我在某段关系中扮演的角色，我该做些什么？例如，好儿子应该做些什么？好丈夫应该做些什么？好朋友应该做些什么？

儒家的传统看法是，道德责任是因人而异的。一个人对其他人的道德责任，由其身处的人际网络位置而定。正如伟大的中国人类学家费孝通所言，在儒家的道德论述中，中国社会的结构就如"当你往水里投石，水面上泛起一圈圈向外涌动的涟漪。每个个体都是其社会影响力圈子的中心,涟漪所到之处,就会产生联系。每个人在任何特定时间、地点所产生的涟漪皆不尽相同……"在这种特殊的结构中,一个人对另一个人的道德义务,取决于两者关系的性质。例如,儿子对父亲的义务,就与父亲对儿子的义务不同。(Madsen,1984:54-55)

三、个人角色观点抑或整体家庭观点?

家庭内也有不同的关系,例如父子、兄弟、夫妻。当中涉及的伦理基于特定的关系,以及人于关系中所处的位置。这套伦理方针承认了家庭成员的角色非常重要,但这称不上真正的家庭主义,也不算是家庭功利主义(family utilitarianism)或家庭共和主义(family republicanism)之类的特殊家庭主义。这些主义假定了某种集体利益的存在,所有家庭成员都应尝试为家庭争取最大的利益;又或者家庭中有着某种"共同意志",那真正的家庭成员就应不存私念,为了家庭而以某种方式行事。可是,在儒家的关系本位伦理中,家庭中的每个人都有不同角色。他们应该做的事也不一样。儿子应对父亲做的事,跟父亲应对儿子做的事不尽相同,反之亦然。

家庭之中也会有不同的观点,将所有这些观点概括称为"家庭观点",并不恰当。以关系为本位的伦理,要求人们采取与其角色相符的观点,不会要求同一集体中的所有人都采取相同的观点。

儒家的多本经典均有论述以关系为本位的原则。[①] 例如,《礼记》

---

① 例如,《礼记·礼运》说到的十种"人义",《左传》隐公三年提到的"六逆""六顺",《左传》昭公二十六年罗列的"君令、臣共(恭)、父慈、子孝、兄爱、弟敬、夫和、妻柔、姑慈、妇听"等等,都是以人伦关系为基础的行为规范。(Legge,1885:379-380;Legge,1960:V.13,718)

提及了五种基本的人际关系，每种关系中都有两个方面的不同角色，构成十种基本的道德行为模式。

> 何谓人义？父慈、子孝、兄良、弟弟、夫义、妇听、长惠、幼顺、君仁、臣忠，十者谓之人义。[①]

我们且先不提更大的社会，而先把焦点放在家庭。必须注意，即使是在一个家庭里，每个人应该要做的事也不尽相同。以亲子关系为例：父母应该照顾子女的长远幸福，儿女则应该尊重父母的意愿。这种角色的区分有着重要的实际意义。例如，父母应该照顾子女的长远幸福，因此，父母有充分理由约束子女养成健康的生活习惯，如均衡饮食或戒烟。如果父母放任子女自行选择，就是失职。另一方面，子女却不应该勉强父母养成健康的生活习惯，劝说可以，但勉强则不可以。

可以这样说：父母和子女的价值观，有着不同的优先次序。对父母而言，相比尊重子女的选择自由，应优先考虑其长远利益。对子女而言，相比考虑父母的长远利益，应优先尊重其选择自由。

兄弟有不同的角色。兄长应成为弟弟的榜样，而弟弟应尊敬兄长。这意味着弟弟可以采用更倾向于个人主义的伦理，而兄长则应采用更倾向于集体主义或利他主义的伦理。弟弟只需要照顾好自己，并给予兄长应有的尊重；但兄长在考虑自己应该做什么时，必须顾及他会为弟弟带来的影响。例如，当考虑是否向外人捐赠肾脏时，弟弟可以单纯以个人意愿作出决定，但兄长必须考虑，这样的行为是否为弟弟树立了好

[①] 《礼记·礼运》(Legge, 1885: I. 379 - 380)。

的榜样。父母也有不同的角色,而他们最大的责任,是确保子女所作的决定不会损害其自身的长远利益。

有别于家庭主义,儒家伦理关注的问题不是"怎样做才对我的家庭最为有利",而是"根据我在这段关系之中扮演的角色,我应该怎么做?"这些问题包括"作为慈父应该怎样做?""作为孝子应该怎样做?""作为好丈夫应该怎样做?""作为贤内助应该怎样做?"这种多重角度的伦理,无法以家庭主义模式充分体现。

知情同意有多重要?

知情同意(informed consent)有多重要? 回答这个问题时,我们不妨借鉴儒家的建议:"君子务本。"知情同意的目的是什么? 知情同意为何重要? 知情同意有何作用? 要回答"怎么样的知情同意才合理?"或"知情同意应该怎么做?"我们必须先解决"知情同意的真正含义是什么?"这个问题。

笔者认为,① 知情同意具有救弊价值(remedial value);② 知情同意的价值是衍生而来的(derivative value);③ 知情同意只有有限价值(limited value);以及④ 知情同意是一个复合价值(composite value),包含了内在冲突(internal conflicts)。

"知情同意"是在防止出现恶劣情况下而有的价值,其价值在于补偏救弊。"知情同意"原本是一种保护研究对象(research subjects)的手段。纳粹在二战时做的实验有违伦理,是因为没有取得实验对象的同意。纽伦堡审判的裁决,列出了十条所有牵涉人类实验对象(human research subjects)的研究均须遵守的原则,其中一项就是"知情同意"。

人类实验对象的自愿同意是绝对必要的。即相关人士······应能不受任何武力、欺瞒、蒙骗、胁逼、越权或任何其他形式的限制或强迫等干涉，可以行使自由选择权。（*Nuremberg Code*，1947）

但有两个问题，是《纽伦堡法则》未能解决的：① 如果病患昏迷，或情况紧急，病患如何能够给予知情同意？② 如果有一种新的治疗方法很可能可以帮助昏迷或情况紧急的病患，但由于无法取得其知情同意而不可为其治疗，这又是否与保护病患免受伤害的原意有所抵触？

为了确保医护人员不会掉进违反病患知情同意的陷阱，在招募他们成为研究对象或参与临床实验时，有必要就"知情同意"确立一个可以保障医护人员的版本。1964 年，在赫尔辛基举行的第 18 届世界医学大会通过了《赫尔辛基宣言》。《赫尔辛基宣言》是医学协会为了满足专业医护人员的实际需要而起草的，不如《纽伦堡法则》那么严格。该宣言引入了代理人（proxy）或替代人同意的概念——当某人（如婴儿、昏迷患者）不能给予知情同意时，代理人可以代表他给予同意。此外，该宣言还对治疗研究和非治疗研究作出了区分——代理人可以同意让病患参与治疗研究（therapeutic research），不能参加非治疗研究。也就是说，如果治疗对当事人没有健康上的利益，不应代表当事人给予同意。

比彻于 1966 年发表的论文①，以及广为人知的 1972 年塔斯基吉梅毒实验丑闻，皆显示侵犯人类研究对象的基本权利不仅是战时才会犯下的罪行，而是在学术或临床研究中也会发生的系统性行为不当。因此，现今的科学研究者和医护人员必须严格看待知情同意，否则可能会

---

① 在此文中，比彻举出超过二十个真实个案，都是违反伦理的研究，而又是在研究期刊上公开发表的（Beecher，1966）。

因其研究或治疗手段违反伦理而被指控。

　　"知情同意"是为了在有害环境中保护实验对象而设的有效措施。因此，"知情同意"是一种工具价值（instrumental value），此价值衍生自其他更加基本的价值追求，例如保护弱势群体，或尊重个人选择。不过发展至今，取得知情同意更多的是为了保障研究者，免其受到指控。

　　以下我们再考察，保护实验对象的利益与体现实验对象的自主权，究竟为何有价值？知情同意又是否能有效达成上述目的？知情同意拥有一种工具性的价值，而其真实价值取决于它能对达成目的发挥多大作用。其背后有两个常见的理由：①"保护"理由：防止人类作为研究对象受到侵犯；②"自主"理由：确保所有心智健全的成年人都有权决定如何处置自己的身体。

　　根据第一个理由，保护当事人是目的，为此而需要获得当事人的知情同意，也就是说，知情同意的价值衍生出保护当事人的价值。然而，这个论点建基于两个可疑的假设：① 实验对象知道什么对自己有利或不利，并会根据利弊作出选择；② 实验对象拥有、了解并可明智地利用所有相关信息。

　　按第二个理由，知情同意有更为根本的价值。既然人有自主权，不经其知情同意而施加对其人身的干预，自然是不可接受的。然而，"人有权决定如何处置自己的身体"似乎不能算是很稳妥的基本价值，因为这个观点可以用来合理化器官贩卖，而且也有碍制止他人自杀。尊重他人是一个基本价值，但尊重他人与尊重他人的选择是有差别的，而尊重他人的选择与取得他人同意之间，也同样存在差距。尊重他人的选择，只是尊重他人的一种方式，而尊重他人还有其他的合理方式。

　　最后，"知情同意"并非一个单一价值（single coherent value），而是一个复合价值（composite value）。"知情同意"包括三个部分：自愿

(voluntariness)、信息(information)和理解(comprehension)。要取得真正的同意，必须满足全部三个条件。首先，实验对象必须自愿同意参与研究，不可对其施以胁迫或不当影响。其次，必须为实验对象提供有关活动或其参与部分的性质、预期风险、利益、替代方案等信息。最后，实验对象必须理解其获得的信息。然而，这三个组成部分之间也存在矛盾。以信息与理解两个部分的矛盾为例，信息的部分，要求信息尽可能完整而准确；理解的部分，则要求信息易于理解，方便处理。不同的焦点，就会导致不同的取向和做法，很难完全满足这三个条件。即使在这方面下很大的功夫，实际上也不会有太大作用，在参与实验的风险不大时尤甚。

儒家对知情同意的看法

从儒家的角度来看，知情同意的规则及安排只属问题的枝节，医患关系的本质才是关键所在。何谓医患关系？医生的角色为何？医生应该做的事情是什么？是否可以信任医生，让他执行某项工作？还是应由患者自行照顾自身利益？

儒家的角色本位伦理带出了一个重要的信息：伦理是一个有赖众人共同努力的事业，不是一个人能独力完成，而是有赖于众人各尽其本分。与其要求每个人都追求相同的最高目标，或根据同一终极原则而行动，不如各自追求切合各人处境、各自身份的价值目标，由此而实现的道德价值可能不是最大的，却是对各个个体的合理要求。孔子说过："守道不如守官。"[1] 与其要各人直接以最高的道德理想为行为目标，不如要求各人谨守其职分。谨守职分也是有可能会出错的，但其道德风

---

[1] 《左传》昭公二十年(Legge, 1960：684)。

险远低于每一步都诉之于终极目标。① 孟子也说："有官守者，不得其职则去；有言责者，不得其言则去。"（《孟子·公孙丑下》；Lau，1984：79）如果不能履行职责，却为自己寻找高尚借口，只会令真正的道德更难实现。

在现今世代，人们在各种人际互动中强调"知情同意"，却忽略了医生与患者之间的特殊关系，以及人们期望、要求医生扮演的特殊角色。与陌生人互动时，知情同意的确十分重要，但在有爱护及信任的关系中，却不必如此多方设法去防范对方。问题的重点是，医患关系的本质究竟是什么？患者可以给予医生多少信任？在什么情况下，才算是医生辜负了患者的信任？

是否应该将医患关系看作服务供应者与客户之间的关系？若是如此，那么医生的主要任务就是满足客户的喜好，其主要的道德原则，就是"买家自慎"（caveat emptor），即买家的幸福是买家自己的责任，供应者的责任只是满足买家的要求，提供给买家他要的货物或服务。然而，若是将医患关系看作一种信任关系（trusting relationship），那么医生就应致力完成受委托的任务（即令患者恢复健康），其主要的道德原则，就是"贵客安心"（credat emptor），即委托者与受托者有信任关系，受托者不可辜负委托者的信任。

儒家将职业分成两类。① 高尚职业：从事高尚职业的人被称为"士"。② 高尚职业的主要目的，是履行一些崇高的使命。政府官员、医

---

① 若各人都是如此，则各人都在不能预期其他人会有何行动之下去行动，结果反而得不到好的后果。这个说法可以与关于行动效益主义（act-utilitarianism）的讨论相呼应——如果每个人都是行动效益主义者，则行动效益主义的目的反而不能达到。（Smart and Williams，1973）

② 以下是一些对"士"应有特质的描述："士不可以不弘毅，任重而道远。"（《论语·泰伯》；Lau，1992：71）"士何事？……尚志。"（《孟子·尽心下》；Lau，1984：279）上述引文指出"士"具有超乎个人利益的责任，有其不同于一般人的志业。

生及教师,皆属此类。② 一般职业：其主要目的只是单纯谋生。商人、农民及工人,皆属此类。孟子认为,为了谋生而从事一般职业无伤大雅,但仅为谋生而从事高尚职业,却是错误的。要从事高尚职业,就必须遵守某些道德准则。孟子说："仕非为贫也,而有时乎为贫……为贫者,辞尊居卑,辞富居贫。辞尊居卑,辞富居贫,恶乎宜乎? 抱关击柝……立乎人之本朝,而道不行,耻也。"(《孟子》5B5：Lau,1984：213)意思是说,作为一个士,出任官职,不可以是为了经济上的原因。纵使是在例外的情况而为了经济原因出仕(例如,"家贫亲老,不仕无禄"),亦要合乎一些规矩原则,例如,只做小差,不做大官；只受低薪,不受厚禄。作为一个士,不可以将一个崇高职业视为一种谋生手段,而必须背负与其崇高职业对称的道德期望。

在中国的历史上,医者一直都被视为一种高尚的职业,并被认为要合乎一些较高的期望。以下一些传统中国医学的经典文献表达了这个观点：

> 凡大医治病,必当安神定志,无欲无求,先发大慈恻隐之心,誓愿普救含灵之苦。若有疾厄来求救者,不得问其贵贱贫富,长幼妍媸,怨亲善友,华夷愚智,普同一等,皆如至亲之想。①

> 夫医者,非仁爱之士,不可托也；非聪明理达,不可任也；非廉洁淳良,不可信也。是以古之用医,必选名姓之后,其德能仁恕博爱,其智能宣畅曲解。②

> 今之学医者,皆无聊之甚,习此业以为衣食之计耳。孰知医之为道,乃古圣人所以泄天地之秘,夺造化之权,以救人之死。其理

---

① 孙思邈(581—682)：《千金方·大医精诚》。(孙思邈,1996：615)
② 西晋·杨泉：《物理论》。(林殷,1933：34)。

精妙入神,非聪明敏哲之人不可学也。①

儒家美德伦理的具体操作

将儒家伦理看成一种家庭主义,是对儒家伦理的严重歪曲。儒家伦理与家庭主义的巨大差别,可以从以下的个案清楚看出来。

【个案一】

父亲陷入了昏迷,再也无法恢复知觉。陈先生有充足的时间、体力和金钱去照顾他失去知觉的父亲,但当中所涉及的费用会大大减少陈先生其他家庭成员所得到的照顾。医院正尝试取得陈先生的同意,关掉他父亲的生命维持装置。如果是陈先生本人处于同样的状况,他会选择关掉维生机器。但他担心,如果他同意关掉维持生命装置,别人会批评他不孝。他应该怎么做?

如果任由父亲死去能让他给予家庭更多的照顾,他应该怎么做?从家庭主义的角度来看,让父亲死去应该是正确的选择。但一个真正的孝子,是否会为了家庭利益而牺牲他的父亲?另一方面,儿子追求的究竟是尽孝,抑或是令别人觉得自己尽孝?笔者认为,以上案例可以清楚地显示出家庭主义和世俗道德的盲点。

中国台湾和其他的华人社会一样,家庭成员在医护决策上扮演着很重要的角色。有学者作了一些调查,以了解人们是否会在某些特定条件下,支持自己及其家庭成员接受某种形式的安乐死。(Yang,

---

① 徐大椿(1693—1771):《医学源流论》。(徐大椿,2007:3.4.)。

2003)结果显示，大部分人都会在某些特定条件下（如变成植物人，或需要经历痛苦的死亡过程）选择了结自己的生命，但他们并不支持对家庭成员这么做。此处明显存在矛盾。如果他们觉得为自己做的选择是最好的，为什么不给予父母相同的最好的选择？主要的原因，是"孝顺"这个社会期望的影响，他们希望别人认为自己是孝顺的，终止治疗的话，或会被当成是为了节省资源而漠视父母的生死。

当儿子要决定是否终止对父母施加无效的治疗，他应该考虑的道德问题是什么？从儒家的美德伦理看来，儿子考虑的不应该是以下问题：

（1）我应该怎么做，才能为家庭争取最大的利益？

（2）我应该怎么做，才能令别人认为我是孝子？

他应该考虑的是：

（3）一个真正的孝子应该怎么做？

考虑问题（1）的话，他会放弃治疗；考虑问题（2）的话，他会不计成效继续治疗。考虑问题（3）的话，他就不能快速跳到结论，而必须全面考虑父母的健康及意愿。他需要回答的问题是：他要怎么做，才算是真正关心父母，尊重他们的意愿？该名患病的父母，不应只被当成家庭整体幸福的其中一个载体。在角色本位的美德伦理中，儿子对父母的责任，是基于他们之间的关系与他的儿子身份，无须考虑父母对所谓的家庭利益是否有贡献。

以下的历史故事，或能给我们一点启发。1393年，明朝初年，有一个男人名为江伯儿，其母久病不愈。他听说用自己的肉做汤可以治好父母的病，就割下自己的一块肉，做了一道"肋肉汤"给他的母亲，但他的母亲并未痊愈。于是他到庙里祈愿，说如果能治好他母亲的病，他就把儿子宰了祭神。后来他的母亲确实痊愈了，他就真的把年仅三岁的儿子宰了，祭神。地方官将这件事上奏朝廷，建议表扬其为孝子。明太祖却认为此行为绝不是伦理的体现，反而是灭绝伦理之举。谕曰："父子天伦，百姓无知，乃杀其子，灭绝伦理，此等荒谬之事，焉能请表？"（熊召政，2007：37）

江伯儿的行为可以用家庭主义及庸俗的孝道思想解释。由于某人的母亲是比其三岁儿子更重要的家庭成员，因此杀害儿子以拯救母亲，可以说是更符合家庭的利益。按照当时社会的主流风气，江伯儿的所作所为算是孝行。

但若从角色本位的儒家美德伦理观点来看，江伯儿身为其母之子、其子之父，有着双重的身份。江伯儿杀子救母乃是大错之举，因为父母与子女之伦是最为重要的人伦，也是人类本性与情感最稳固的基础。然而，江伯儿的想法却更接近家庭效益主义——每个家庭成员都是家庭利益的载体，母亲的分量（weighting）最重，自己较轻，儿子则是相对最轻的。这种想法与儒家美德伦理的思维方式相去甚远。

【个案二】

李医生是一名家庭医生，同时也做医学研究。现时，他希望招募多位研究对象。但他做的研究无法为研究对象带来好处，更有机会令其不适，并附带少许风险。不过他颇为肯定，如果他邀请他的病人参与研究，他应该可以经适当的程序取得对方的知情同意。如果他能够取得病人的知情同意，让他们参与自己的研究，这样有没有造成伦理问题呢？

作为一名家庭医生，他有明确的伦理角色，对他的病人有特殊的责任。李医生应该考虑的问题不应是（1）或（2）而应该是（3）：

（1）我应该跟从什么程序或规则，避免受到投诉或惩罚？

（2）我能够和病人达成什么协议？

（3）一个真心为病人着想的好医生，应该怎么做？

当然，李医生可以进行他的研究，也可以招募研究对象参与其研究。但招募自己的病人作为研究对象，就会发生角色上的冲突。作为家庭医生，病人将健康交托给他，他就有义务保障病人的健康。招募他们参与对其没有任何好处甚至有害的研究，与"为病人着想"这项义务是互相矛盾的。其他人可以在别的情况下招募病人参与研究，但以家庭医生的身份做这件事绝不恰当，因为他与病人之间有着伦理关系。

总结

在双方没有特殊关系的人际互动之中，当可能对某人造成某种巨大影响，征求其知情同意是恰当而必要的。但如果双方之间存在某种关系，知情同意就成为次要考虑了。首要考虑的问题是关系的性质，因为关系的性质提供了一个参考框架，让我们得以决定知情同意是否相关、必要或恰当。在医护的范畴之中，最为重要的是医患关系，而不是取得有关患者知情同意之类的程序问题。

儒家伦理的独特之处，在于将人际关系放在伦理问题的中心位置。关系本位、角色本位、美德伦理，比家庭主义更加贴近真正的儒家伦理。将人际关系放在伦理的中心位置，不仅加强了患者的家庭成员在医疗决策上的作用，还赋予了医生一个特殊的身份，因为医患关系也是一种伦理关系，此伦理关系在医疗领域内尤其关键。

参考书目

Ames Roger T，2011. *Confucian Role Ethics: A Vocabulary* . Hong Kong：Chinese University Press.

Beecher Henry，1966. Ethics and clinical research. *New England Journal of Medicine* 274（24）：1354－1360.

Fan Ruiping，2002. Reconstructing surrogate decision making： Aristotelianism and Confucianism on ideal human relations. *Philosophy East and West* 52（3）：346－372.

Fei Xiaotong，1992. *From the Soil: The Foundations of Chinese Society*. Trans. Gary G. Hamilton and Wang Zheng. Berkeley： University of California Press.

Hansen C，1993. Classical Chinese ethics. In *A Companion to Ethics*， ed. P. Singer，69－81. Cambridge：Cambridge University Press.

J. J. C. Smart and Williams，Bernard，1973. *Utilitarianism*：*For and Against*. Cambridge：Cambridge University Press.

King Ambrose，1985. The individual and group in Confucianism：A relational perspective. In *Individualism and Holism: Studies in Confucian and Taoist Values*，ed. D. Munro，57－70. Ann Arbor： Center for Chinese Studies，the University of Michigan.

Lau D. C.，trans. 1984. *Mencius*. Hong Kong：The Chinese University Press.

Legge James，trans. 1885. *Li Chi*. Oxford：Oxford University Press.

Madsen Richard，1984. *Morality and Power in a Chinese Village*. Berkeley：University of California Press.

Nuremberg Code of 1947, 1996. *British Medical Journal* 313 (7070): 1445 – 1449.

Rosemont Henry, 1991. *A Chinese Mirror: Moral Reflections on Political Economy and Society*. La Salle, IL: Open Court.

Thomas Nagel, 1991. *Equality and Impartiality*. New York: Oxford University Press.

World Medical Organization, 1996. Declaration of Helsinki. *British Medical Journal* 313 (7070): 1448 – 1449.

Yang Hsiu-I, 2003. Bad living than good death? A cultural analysis of family paternalism in death and dying in Taiwan. In *Asian Bioethics in the 21st Century*, ed. S. Y. Song, Y. M. Koo and D. R. J. Macer, 99 – 107. Christchurch, New Zealand: Eubios Ethics Institute.

Yu Kam-por and Tao Julia, 2012. Confucianism. In *Encyclopedia of Applied Ethics*, 2nd ed., ed. R. Chadwick, San Diego: Academic Press, 1: 578 – 586.

Yu Kam-por, 2010a. The handling of multiple values in Confucian ethics. In *Taking Confucian Ethics Seriously*, eds. Kam-por Yu, Julia Tao, and P. J. Ivanhoe, 27 – 51. Albany, NY: State University of New York Press.

Yu Kam-por, 2010b. The Confucian conception of harmony. In Julia Tao, Anthony Cheung, Martin Painter and Chenyang Li. (eds.), *Governance for Harmony in Asia and Beyond*. London: Routledge, 15 – 36.

——. 1960. *The Chinese Classics*. 5 vols. Hong Kong: Hong Kong

University Press.

——. 1963. *The I Ching: The Book of Changes*. New York：Dover Publications.

——. 1971. *Confucian Analects*，*The Great Learning*，*and The Doctrine of the Mean*. New York：Dover Publications.

——. 1992. *The Analects*. Hong Kong：The Chinese University Press.

班固：《汉书》，北京：中华书局，1962。

费孝通：《乡土中国》，香港：三联书店，1991。

梁漱溟：《中国文化要义》，香港：三联书店，1989。

林殷：《儒家文化与中医学》，福州：福建科学技术出版社，1993。

孙思邈：《孙真人千金方》，北京：人民卫生出版社，1996。

王国维：《观堂集林》，香港：中华书局，1973。

熊召政：《看了明朝不明白》，香港：三联书店，2007。

徐大椿：《医学源流论》，北京：人民卫生出版社，2007。

文章来源

　　《应用伦理学的方法论》，原载李瑞全编：《伦理与生死：亚洲应用伦理学论集》，中坜："中央大学"，1998。

　　《从伦理学到伦理审查委员会》，原题 "Historical Background and the Value Presupposition of the IRB Institution"，paper presented in the International Conference of Bioethics：Health Care and IRB in Post Genome Era，organized by Taiwan Bioethics Association，The Graduate Institute of Philosophy Taiwan Central University，the Graduate Institute of Humanities in Medicine Taipei Medical University，The Bioethics & Law Center National Tsing Hua University，NTUST College of Liberal Arts and Social Sciences，and The Research Center for Applied Ethics Hsuan Chuang University，19 - 20 September 2008。

　　《从公众利益到个人权利》，原载文思慧、张灿辉编：《人权与公民社会的发展》，香港：香港人文科学出版社，1995。

　　《普世人权与文化差异》，原题 "Human Rights and Cultures"：载于

Ludger Kühnhardt and Mamoru Takayama（eds.），*Menschenrechte*，*Kulturen und Gewalt*，Baden-Baden，Germany：Nomos，2005，pp. 65－76。

《自我拥有权与生命伦理学》，原题"Self-ownership and Its Implications for Bioethics"，载于 Julia Tao Lai Po-wah（ed.），*Cross-Cultural Perspectives on the（Im）Possibility of Global Bioethics*，Dordrecht，The Netherlands：Kluwer Academic Publishers，2002，pp. 197－208。

《亚洲价值观与生命伦理学》，原题"The Alleged Asian Values and Their Implications for Bioethics"，载于 S. Y. Song，Y. M. Koo and D. R. J. Macer（eds.），*Asian Bioethics in the 21st Century*，Christchurch，New Zealand：Eubios Ethics Institute，2003，pp. 232－237。

《究天人之际的儒家生命伦理学》，原题"Respecting Nature and Using Human Intelligence：Elements of a Confucian Bioethics"，载于 Margaret Sleeboom（ed.），*Genomics in Asia：A Clash of Bioethical Interests?*，London：Kegan Paul，2004，pp. 159－177。

《同性恋的是非曲直》，原载陶黎宝华、邱仁宗编：《价值与社会》，第一集，北京：中国社会科学出版社，1997。

《从堕胎问题看权利观点的局限》，原载《中外医学哲学》，第七卷第二期，2009 年。

《关于安乐死的道德思考》，原载陶黎宝华、邱仁宗编：《价值与社会》，第二集，北京：中国社会科学出版社，1998。

《性骚扰为何不可?》，原题"性骚扰有何不可"，载于《应用伦理学研究通讯》，第十一期，中坜："中央大学"应用伦理学研究室，1999 年 7 月。

《克隆技术引发的伦理思考》，原载《思》，第 67 期，香港：香港基督徒学会,2000 年 5 月。

《香港的贫富悬殊问题》,原题《贫富悬殊——有何不可?》,载于莫家栋、余锦波、陈浩文编:《生活伦理学》,香港：汇智出版,2018。

《个人、家庭与知情同意》,原题"The Confucian Alternative to the Individual-Oriented Model of Informed Consent：Family and Beyond",载于 Ruiping Fan（ed.）, *Family-Oriented Informed Consent: East Asian and American Perspectives*, Cham，Switzerland：Springer,2015，pp. 93 – 106。

名词索引

人名索引

后 记

　　15岁是我人生中的一个转折点,当时学校的教学已不能满足我对知识的渴望,那一年我开始大量阅读课外书籍。当时我以每星期三本的速度阅读从图书馆借来的各类书籍,希望能解答自己心中的问题。

　　我中学就读的是基督教学校,学校很重视传教,每天都有宗教聚会,课程内设有圣经科,课余更有热心的老师及同学以私人及小组方式传教。很多同学都信了教,我却煞有介事,认为要认真思考,不能随便接受,并与同学及老师辩论。后来我发现了解宗教,可以帮助理解很多世界观、人生观、道德观的问题。

　　中学时期,文史哲类的书籍给予了我很大的心灵慰藉,我尤其喜欢先秦诸子、司马迁、陶渊明、顾炎武、黄宗羲、梁启超,将他们视为自己的异代朋友,终身不忘。

　　进入大学以后,惊觉从西方哲学得到的思考及论析训练,是难以从中国的传统学问中得到的,于是将大部分的精力都放在钻研西方经典名著及当世流行新作上。

大学毕业之后，我想对自己长期以来思考的道德善的问题，作出系统的探讨及回答。我的硕士论文《道德善之逻辑》（The Logic of Moral Goodness），即为我观摩众家之后给出的自己的答案。后来撰写的博士论文《人权与中国伦理思想》（Human Rights and Chinese Ethical Thinking），则为我尝试结合人权思想与中国伦理思想两大传统，将两者互相批判，进而互补不足。

我很庆幸、感恩，之前的绝大部分时间都是在安稳的大学环境中度过的。我先是在香港大学哲学系任高级研究助理及研究室主任，钻研跨学科的逻辑学及认知科学。之后转到岭南学院（现为岭南大学）通识教育学部任教。为了配合教学的需要，我写了一些普及读本（本书的第三章"从公众利益到个人权利"即为其中一例）。再之后转到香港城市大学公共及社会行政学系，出于学术研究的要求，著作多以学术论文的形式出现。最后来到香港理工大学通识教育中心，在这里可以按自己的兴趣及进度去进行研究及发表。2019 年我从香港理工大学退休，这于我而言只是换了一个环境继续学术工作，因为我有更多的问题要探讨、有更多的著作要发表。

几次到外地大学研究访问都有研究任务。到德国波恩大学研究的是人权与文化的关系，本书第四章"普世人权与文化差异"即为当时所写。在苏格兰爱丁堡大学研究的重点则是"自主"的观念及价值。在美国哈佛大学的一年则专注于科研伦理（research ethics），本书的第二章"从伦理学到伦理审查委员会"中的很多观点都是源于当时的观察与心得。第十四章"论知情同意"部分，亦是对科研伦理多方钻研之后沉淀所得。

多年来，我出版书籍约十部，发表论文过百篇。其中"应用伦理学"与"儒家伦理学"是我多年研究的两个重点。此外，亦有其他论文若干，

有待拟定主题，集结成书，希望异日能有新著与读者见面。学海无涯，
志亦无涯。

余锦波

2022 年 7 月 31 日